COLUMBIA SLAVIC STUDIES
A Series of the
Department of Slavic Languages
Columbia University

A READER IN THE HISTORY OF THE

EASTERN SLAVIC LANGUAGES

RUSSIAN · BELORUSSIAN · UKRAINIAN

Edited by GEORGE Y. SHEVELOV
and FRED HOLLING

COLUMBIA UNIVERSITY PRESS
NEW YORK AND LONDON

PREFACE

The purpose of this small anthology is to provide students of Slavic philology with the minimum number of sample texts needed for a study of the historical phonology, morphology, syntax, and dialectology of the three Eastern Slavic languages, as well as of the history of the three literary languages, from the eleventh century to the late seventeenth century. In order to represent all the main dialects, genres, and periods in the history of the three languages, the compilers decided to limit themselves to short texts or to brief selections from longer texts. No attempt was made in selecting the texts to reflect the development of Church Slavonic among the Eastern Slavs. However, a notion of the early Eastern Slavic recension of Church Slavonic can be formed from Items 12 and 13 and, to some extent, from Items 1, 3, and 4.

The texts offered vary in the degree of fidelity with which they render the originals. Only four items — 8, 14, 31, and 35 — reproduce the paleographic peculiarities of the original manuscripts or printed works. Most of the texts — 37 out of 60 — reproduce all of the linguistic features of the originals but omit some graphical devices of no linguistic significance. In the remaining texts linguistically relevant features are retained only (Items 5, 7, 9, 17, 22, 23, 27-29, 32, 34, 38, 40, 43, 47, 52, 53, 59, and 60). However, these texts are adequate for phonological and morphological analysis, as well as for syntactical and stylistic analysis.

The glossary comprises words which are not identifiable on the basis of Modern Russian, Belorussian, or Ukrainian. The meanings given are those of the words as they occur in the texts in the Reader.

George Y. Shevelov
Fred Holling

New York City
February, 1958

CONTENTS

OLD RUS' LANGUAGE

Kiev

MIDDLE BELORUSSIAN

MIDDLE UKRAINIAN

Kiev

1. Scribe's Postscript to Ostromir's Gospel (1056-1057)

1 Слава тебѣ гꙵи цꙗрю нбсьнꙑн· ꙗко съподо

би мꙗ написати Ев꙽лие се· почахъ же е

писати· въ лѣ ·ꙅфꙁꙂд· д оконьча

хъ е въ лѣ [·ꙅ·] фꙁꙁе· Написахъ же еу

5 лие се· рабоу бжию нареченоу сꙑфоу

въ крꙺщении иосифъ· а мирьскꙑ остро

миръ· близокоу сꙑфоу изаславоу кънꙗ ||

зоу· изаславоу же кънꙗзоу тогда

предрьжꙗфоу обѣ власти· и оца свое

10 го ꙗрослава· и брата своего володимира

самъ же изаславъ кънꙗзь· правлꙗа

ше столъ оца своего ꙗрослава кꙑевѣ·

а брата своего столъ поржчи правити·

близокоу своемоу остромироу новѣ

15 городѣ· Мънога же лѣ· дароуи бꙵ съ

тажавъшоумоу Ев꙽лие се· на оутѣ

шение мъногамъ дꙗшамъ крꙺстиꙗ

ньскамъ· даи емоу гꙵь бꙵ блние стꙑ

хъ· евангⷯлистъ· и Тоꙗна· мафеꙗ·

20 лоукꙑ· марⷦ· и стꙑхъ праоць· Авра

ама· и Тсака· и Тꙗкова· самомоу

емоу· и подроужию его· Ѳеофа

нѣ и чꙗдомъ ею· и подроужиемь

чꙗдъ ею· съдрꙗвьствоуите же мъ

25 нога лѣ· съдрьжꙗфе пороучение

свое ∴ Аминъ ∴ —

⁎ Азъ Григории ди

ꙗко· напнсахъ еуаⷩⷢⷢлне в̄· да нже гоⷢ

разнѣе сего напнше· то не мози

30   зазьрѣти мьнѣ грѣшьннкоу·

почахъ же писати· мцаⷭ· октаⷠ

ка· на памⷶ ·нларнонⷶ· а око

ньⷯⷶ· мцаⷭ· маиꙗ· въ· ві· на пⷶ

епнфанⷶ ∻ молю же вьсѣхъ по

35   читающихъ· не можете кла

ти· нъ нсправльше· почитанте·

Тако ео н стꙑ апⷧъ паулъ глⷷ

ть· Блⷮе· а не кльнѣте ∻ ⸗

Аминъ ∻ ⸗   (Л. 294.)

2. Charter of Grand Prince Mstislav Volodimirovič and His Son Vsevolod (ca. 1130)

1   ✠Се азъ мьстнславъ володнмирь снⷩ дьржа роу

ськоу землю въ свою кнꙗженне повелѣлъ ю

смь сноу своюмоу всеволодоу ѡⷣдати боун

цѣ стмоу геѡⷬргиеви съ данню н съ вирꙗми н съ

✠ и веⷩⷩ воⷮ ское

5   продажꙗми даже которꙑн кнꙗзь по моюмь кнꙗ

женнн поуьнеть хотѣти ѡⷮꙗти оу стго геѡⷬргн

ꙗⸯ з бъ боуди за темь н стаꙗ бцⷡ н тъ стꙑꙵ геѡ

ргнн оу него то ѡⷮннмаꙗⷮ· н тꙑ нгоумене нса

нне· н вꙑ брꙗтнⷷ· донелѧ же сꙗ мнръ състонть·

10   молите бъ̄ за мꙗ н за мою дѣтн· кто сꙗ нꙁѡⷡстꙶꙗ

неть въ манꙗстꙑри· то вꙑ темь дължьнн ю

сте молнти за нꙑ бъ̄ н при жнвотѣ н въ съмь

ртн· ꙁ нꙁъ дꙗлъ роукою своюю· н осеньнюю по

людню дарокьною полътретнꙗ десꙗте грн

15 вьнъ с͞тму же геѡ̈ргиеви· а се ѿ всеволодъ да

лъ юсмь блюдо серебрьно· въ ·л· грвнъ серебр͡·

с͞тму же геѡ̈ргиеви велѣлъ юсмь бити въ

ню на ѿбѣдъ коли игоуменъ ѡ̈бѣдають·

даже кто запъртить или тоу дань и се блю

20 до· да соудить юмоу б͞ъ въ д͞нь пришьстви

ѥ своюго и тъ с͞тыи геѡ̈ргии·: —

3. From *Passion and Encomium of SS. Boris and Gleb the Martyrs* (S"kazanie i strast' i poxvala svjatuju mučeniku Borisa i Glěba; twelfth century)

оубиюноу | же глѣбови и повьр-
женоу | на поустѣ мѣстѣ межю | дъвѣма колодама. и госпо(10)дь не
оставлаꙗи своихъ ра | бъ ꙗко же реуе д͞вдъ. храни | ть г͞ь вьса кости ихъ
и ни ю | дина отъ нихъ съкроушит | ьса. и семоу оубо с͞тоуоу | моу
лежащю дълго времꙗ. | не остави б͞ъ невѣдѣнии и | небрежении отиноудь
прѣ | быти. не крѣженоу. нъ по | каза окогда бо видꙗша ст(20)лпъ
огньнъ. окогда свѣщѣ | гороущѣ и плъкы пѣниꙗ а | ггльскаꙗ слышаахоу.
ми | мохⷣоꙗщии же поутьмь | гостию ини же локы дѣю | ще и пасоу-
ще. си же видꙗ | ще и слышаще не бысть на | мꙗти ни юдиномоу же
о | кънѣсканин телесе с͞таго. | доидеже ꙗрославъ не тьрпꙗ | сего хⷮлааго
оубииства дви | жеса на братооубиица оно(32) го оканьиьнааго
стоплъка. | и брани мъногы съ нимь | съставикъ. и вьсегда посо | бниемь
б͞жиемь и поспѣ | шениемь с͞тою побѣди | къ. юлико брани състави. |
оканьꙗи посрамленъ | и побѣженъ възвращаꙗ | несꙗ. проусе же съ
трькла | тыи приде съ множь(10)ствъмь пеуенѣгъ и ꙗро | славъ съвъ-
коупивъ воꙗ. | изиде противоу юмоу на | льто и ста на мѣстѣ иде | же
бѣ оубиюнъ с͞тыи бо | рисъ. и въздѣвъ роуцѣ на | небо и реуе се кръвь
брата | моюго въпиють къ тебѣ | влⷣко. ꙗко же и авелева ꙗ прѣже и
ты мьсти юго(20)ꙗко же и на ономь поло | жи стонанию и трꙗсенї | ю
на братооубиицю каи | ине. си молю тꙗ г͞и да | въсприимоуть противоу |
томоу. аще и тѣльмь о | шьла юста нъ благодатию | жива юста и госпо-
деви | предъстоита. и молитво | ю помоꙁѣта ми. и си рѣ | къ и поидоша
противоу | собѣ. и покрыша поле льтъ(32) скою множьствъмь
вои и | състоупишаса въсходꙗ | щю слнцю. и бысть сѣуа зла оти-
ноудь и състоупи | шаса тришьды. и биша | сꙗ уересъ д͞нь вьсь и оуже

къ | вечероу одолѣ ꙗрославъ. а | съ оканьнꙑи и стопълкъ | побѣже и на-
паде намь бѣ | съ. и раслабѣша кости юго.(10)ꙗко не мощи ни на
кони | сѣдѣти и несѧхоуть юго | на носилѣхъ. и прибѣгоша | берестию
съ нимь онъ же | рече побѣгнѣте осе женоуть | по насъ. и посꙑлахоуть
про | тивоу и не бѣ ни гонѧщаꙗ | го ни женоущааго въ слѣдъ | юго. и
лежа въ немощи въ | схоꙑнивъсꙗ глаголааше. по(20)бѣгнѣмꙑ юще же-
ноуть | охъ мнѣ. и не можааше | тьрпѣти на юдиномь мѣ | стѣ. и про-
бѣже лꙗдьскоу | землю гонимъ гнѣвъмь | бжиюмь. и прибѣже въ | поустꙑню
межю чехꙑ | и лꙗхꙑ. и тоу испроврь | же животъ свои зълѣ.

4. From *Life of Our Holy Father Theodosius, Abbot of the Crypt Monastery* (Žitie prepodob'naago ot'ca našego Feodosija igumena pečer'skago; twelfth century)

                              тъгда | же блаженꙑи ѳеодосии | молꙗшесꙗ богоу. по
вса(32) (ь)дни ходꙗ къ црквь бжию. бѣ | же съмѣренъ срдцьмь. и
пок(о) | рникъ къ вьсѣмъ. ꙗко же и вла(а) | стелинъ града того видѣвъ
ѿ | трока къ такомь съмѣрении | и покорении соуща. възлюб(и) | и зѣло.
и повелѣ же юмоу да пр(е) | бꙑваеть оу него въ цркви. в(ъ) | дасть же
юмоу и ѡдежю скѣ | тѣлоу да ходить въ неи. блаже(10)нꙑи же ѳеодосии
пребꙑсть | въ неи ходꙗ мало днии. ꙗк(о) | нѣкоую тажесть на собѣ
но | сꙗ. тако пребꙑвааше. таусе съ | ньмъ ю ѡдасть ю ницимъ. | самъ
же въ хоудꙑꙗ пърты ѡбъ | лъкъсꙗ ти тако хожааше. вла | стелинъ же
видѣвꙑ и тако хо | дꙗща и пакꙑ иноу въдасть о | дежю вꙗцьшию пър-
вꙑꙗ. мо(20)лꙗ и да ходить въ неи. онъ же | съньмъ и тоу отъда. сице
же | многашьдꙑ сътвори ꙗко же | соудии то оукѣдѣвъшю боль | шимь
начать любити и. чю | дꙗсꙗ съмѣрению юго. по сих(ъ) | же бжствьнꙑи
ѳеодосии ше | дъ къ юдиномоу ѿ коузньць. | повелѣ юмоу желѣзо
съчепи | то съковати. иже и възъмъ и | препоꙗсасꙗ нимь въ чресла сво |
ꙗ и тако хожааше. желѣзоу же(32) (с)оузъкоу соущю и грꙑзоущю|
сꙗ въ тѣло юго. онъ же пребꙑ | вааше ꙗко ничусо же скꙑрьбна | ѿ него
приюмлꙗ. тѣлоу | своюмоу. таусе ꙗко нишьдъ | шемъ днемъ мъногомъ. | и
бꙑвъшю дни праздьни | чьномоу. мати юго начать вс | лѣти юмоу облещисꙗ
въ ѡ | дежю свѣтлоу на слоуже(10)ние. вьсѣмъ бо града того | вельмо-
жамъ въ тъ дьнь въ | злежащимъ на обѣдѣ оу вла | стелина. и повелѣно
бѣ оу | бо блаженоуюмоу ѳеодоси | ю. предъстоꙗти и слоужи | ти. и сего
ради пооущашети | и мати юго да облечеть сꙗ въ | одежю чистоу. наипаче
же | ꙗко же и слꙑшала бѣ юже (20) юсть сътворилъ. ꙗко же ю | моу

облачающюсн въ одежю | унстоу. простъ же сы оумъ | мь неже блюдынси кеи. она | же прилѣжьно зьрааше хо | тѧщи нстѣк вндѣтн. н се бо | вндѣ на срачнцн кго крьвь | соущю. ѿ въгрыженнн же | лѣзл н раждьгшнса гнѣвъ | мь нанъ. н съ кростню въ | ставъшн н растьрзавъшн | соро-унцю на немь. бнющн(32) (.л)же н отъм железо ѿ уреслъ к | го. божнн же отрокъ ѣко нн | уьсо же зъла не прнѧтъ ѿ не | ѩ. обълкъсѧ н шедъ служа | шс предъ възлежащнмн. съ | вьсѧкою тнхостню. таче по | временн пакы нѣкоторьмь. | слыша въ стѣмь сѵалнн гѣ | глаголюща. аще кто не ѿста | внть оца нлн матере н въ слѣ(10)дъ мене не ндеть то нѣ мене | достонн. н пакы прнде | те къ мьнѣ вьсн троужаю | щснсѧ н обременнн н азъ по | кою вы. възьмѣте ѩрьмъ | мон на сѧ н наоучн-тесѧ ѿ | мене. ѣко кротъкъ ксмь | н съмѣрснъ срдцьмь. н обра | щете покон дшамъ вашнмъ:- | Сн же слышавъ богодъхновс(20)нын ѳсѡдо-снн. н раждьг | сѧ бжствьною рьвьностню. | н любькню н дъшаннкмь| бжнкмь. помышлааше | како нлн кде пострещнсѧ. | н оутантнсѧ матере свок | ѩ.

5. From the Testament of Vladimir Monomax (before 1125, copy of 1377)

А се в Черниговѣ дѣялъ есмъ: конь ди-кихъ своима рукама связалъ есмь въ пушахъ 10 и 20 живыхъ конь, а кромѣ того же   по Роси   ѣздя ималъ есмь своима рукама тѣже кони дикиѣ. Тура мя 2 метала на розѣхъ и с ко-немъ, олень мя одинъ болъ, а 2 лоси, ‖ одинъ ногами топталъ, а другый рогома болъ, вепрь ми на бедрѣ мечь оттялъ, медвѣдь ми у колѣна подъклада укусилъ, лютый звѣрь скочилъ ко мнѣ на бедры и конь со мною поверже; и Богъ невережена мя съблюде. И с коня много падахъ, голову си розбихъ дважды, и руцѣ и нозѣ свои вередихъ, въ уности своей вередихъ, не блюда живота сво-его, ни щадя головы своея. Еже было творити отроку моему, то самъ есмь створилъ, дѣла на войнѣ и на ловѣхъ, ночь и день, на зною и на зимѣ, не дая собѣ упокоя; на посадники не зря, нi на биричи, самъ творилъ что было надобѣ, весь нарядъ и в дому своемь то я творилъ есмь   ; i в ловчихъ ловчий нарядъ самъ есмь держалъ, и в конюсѣхъ, и о соколѣхъ и о ястрябѣхъ; тоже и худаго смерда и убогыѣ вдовицѣ не далъ есмь силнымъ оби-

дѣти, и церковнаго наряда и службы самъ есмъ призиралъ. Да
не зазрите ми, дѣти мои, ни　　инъ кто, прочетъ, не хвалю бо ся
ни дерзости своея, но хвалю Бога и·прославляю милость его,
иже мя грѣшнаго и худаго селико лѣтъ сблюдъ отъ тѣхъ часъ
смертныхъ, и не лѣнива мя былъ створилъ, худаго, на вся дѣла
человѣчьская потребна. Да сю грамотицю прочитаючи, потъснѣ-
теся на вся дѣла добрая, славяще Бога с святыми его. Смерти
бо ся, дѣти, не бояще　, ни рати, ни отъ звѣри, но мужьское дѣло
творите, како вы Богъ подасть; оже бо язъ отъ рати, и отъ звѣри
и отъ воды, отъ коня спадаяся, то никтоже васъ не можеть вре-
дитися и убити, понеже не будетъ отъ Бога повелѣно; а иже отъ
Бога будеть смерть, то ни отець, ни мати, ни братья не могуть
отьяти. но оче　　добро есть блюсти, Божие блюденье леплѣ
есть человѣчьскаго.

Černigov

6. Inscription on a Goblet of Prince Volodimir Davydovič (1151)

А се чара кнѧ володимерова давъıдовча кто из
нее пь тому на здоровье, а хвалѧ бога [и] своего
wсподарѧ великого кнѧ.

Novgorod

7. From Russian Law (Russkaja Pravda; copy of 1282)

Ѿ татьбѣ. Пакы ли боудеть что татебно коупилъ въ търгоу, или
конь, или пъртъ, или скотиноу, то въведеть свободьна моужа два или
мытника; аже начьнеть не знати оу кого коупилъ, то ити по вемь тѣмь
видокомъ на търгоу на ротоу, а истьцю своѥ лице взѧти; а что с нимь
погыбло, а того кмоу желѣти, а wномоу желѣти своихъ коунъ, зане не-
знакть оу кого купивъ; познакть ли на долзѣ оу кого купивъ, то своѥ
коуны възметь, и семоу платити, что оу него погыбло, а князю продажю.
О челѧдинѣ. Иже кто познакть челѧдинъ　свои оукраденъ, а поиметь
и, то wномоу вести и по коунамъ и до третьıаго свода; поıати же челѧдинъ

въ челядина мѣсто, а шномоу дати лице, отъ идеть до конечьнаго свода, а то ксть не скотъ, не изѣ рѣчи: не вѣдѣ оу кого ксмь коупилъ, нъ по изъыкоу ити до конча; а кдѣ боудеть конечнии тать, то опать воротить челядина, а свои понметь, и проторъ томоу же платити, а кня||зю продаже 12 гривне въ челядинѣ или оукрадъше.

О сводѣ. А и свокго города въ чюжю землю свода нѣтоуть; нъ тако же выввести кмоу послоухы любо мытника, передъ къмь же коупивъше, то истьцю лице взати, а прока кмоу желѣти, что с нимъ погыбло, а шномоу своихъ коунъ желѣти.

О татьбѣ. А оже оубьють кого оу клѣти или оу которои татьбы, то оубьють въ пса мѣсто; оже ли и додьржать свѣта, то вести и на княжь дворъ; оже ли оубиють и, а оуже боудоуть видѣли людик съвазана, то платити в томь 12 гривне. Аже крадеть кто скотъ въ хлѣвѣ или клѣть, то же боудеть шдинъ, то платити кмоу 3 гривны и по 30 кунъ; боудеть ли ихъ много, то всѣмъ по 3 гривны и по 30 коунъ платити.

А сε ш борти. Аже борть подътнеть, то 3 продаже, а за дерево полъ гривнѣ. Аже бчелы выдереть, то 3 гривне продаже; а за медъ, иже боудоуть бчелы не лажены, то 10 кунъ; боудеть ли шлек, то 5 коунъ. Не боудеть ли тата, то по слѣдоу женоуть; аже не боудеть слѣда или къ селоу или к товароу, а не итсочать шт себе слѣда, ни кдоуть на слѣдъ или штобиються, тъ тѣмъ платити татбоу и продажю; а слѣдъ гнати съ чюжими людми а с послоухы; аже погоубать слѣдъ на гостинци на велицѣ, а села не боудеть, или на поусте, кдѣ же не боудеть ни села, ни люди, то не платити ни продаже, нi татьбы.

Ш гоумнѣ. Аже зажьжеть гоумно, то на потокъ и на розграбежь домъ кго, переди пагоубоу исплатить, а въ прочи кназю поточити и; тако же ижe кто дворъ зажьжеть. А кто пакощами порежеть конь или скотиноу, то продаже 12 гривне, а за пагоубоу гривноу оурокъ платити.

[Т]ы таже все соудать послоухы свободьными; боудеть ли послоухъ холопъ, то холопоу на правдоу не вылазiти; нъ ижe хочеть истьчь или иметь и, а река тако: по сего речи кмлю та, || нъ азъ кмлю та, а не холопъ, и кмете и на желѣзо; аже шбинить и, то кмлеть на немь свок; не обинить ли кго, а платити кмоу гривноу за моукоу, за по холопьи речи ялъ и. А желѣзнаго платити 40 коунъ, а мечникоу 5 коунъ, а полъ гривне дѣтьчьскомоу; то ти желѣзны оурокъ, кто си въ чемь кмлеть. Оже иметь на желѣзо по свободьныхъ люди рѣчи, любо запа на нь боудеть, любо прохоженик ночнок, или къмь любо шбразомь аже не шжьжеться, то про моукы не платити кмоу, нъ шдино желѣзнок, кто будеть ялъ.

Ѧ се закладаюче городъ. Ѧ се оурочи городникоу: закладаюче городьна, коуна взати, а кончавше ногата; а за кормъ, и за вологу, и за маса, и за рыбы 7 коунъ на недѣлю, 7 хлѣбовъ, 7 оубороковъ пшена, 7 лоуконъ ѡвса на 4 кони, имати же кмоу донелѣ городъ съроубать, а солодоу дадать кмоу ѡдиноу 10 лоуконъ.

8. Letter from Gostjata to Vasilij (middle of twelfth century)

9. From the Novgorod Chronicle According to the Synodal Copy (thirteenth century)

Въ лѣто 6651. Стояше вся осенина дъждева, от Госпожина дни до Корочюна, тепло, дъжгь; и бы вода велика вельми въ Волхове и всюде, сено и дръва разнесе; озеро морози въ нощь, и растързa вѣтръ, и вънесе въ Волхово, и поломи мостъ, 4 городнѣ отинудь бе-знатбе занесе. Въ то же лѣто оженися Святопълкъ Новѣгородѣ, приведе жену из Моравы, межи

Рожествомь и Крещениемь. Въ то же лѣто ходиша Корела на Емь, и отбѣжаша 2 лонву бити. ‖

Въ лѣто 6652. Дѣлаша мостъ вьсь цересъ Волхово, по стороне ветхаго, новъ вьсь. Въ то же лѣто погоре Хълмъ вьсь и церкы святого Илье. Въ то же лѣто испьсаша честно притворы вся въ святѣи Софии Новѣгородѣ, архиепископъ Нифонтъ. Тъгда же даша посадницьство Нежатѣ Твьрдятицю. Въ то же лѣто съвьршиша церковь камяну святѣи Богородици на Търговищи, Новегородѣ. Въ то же лѣто постави мя попомь архепископъ святыи Нифонтъ.

Въ лѣто 6653. Стояста 2 недѣли пълне, яко искря гуце, теплѣ велми, переже жатвы; потомь наиде дъжгь, яко не видехомъ ясна дни ни до зимы; и много бы уимѣ жить и сѣна не ‖ удѣлаша; а вода бы больши третьяго лѣта на ту осень; а на зиму не бысть снѣга велика, ни ясна дни, и до марта. Въ то же лѣто утопоста 2 попа, и не да епископъ надъ нима пѣти. Въ то же лѣто заложиша церковь камяну на Смядинѣ, Борис и Глѣб, Смольньскѣ. Томь же лѣтѣ ходиша вся Русска земля на Галиць и много попустиша область ихъ, а города не възяша ни одиного, и воротишася, ходиша же и из Новагорода помочье кыяномъ, съ воеводою Неревиномь, и воротишася съ любъвью.

Въ лѣто 6718. Новгородьци угонивъше Литву въ Ходыницихъ, избиша съ князьмь Володимиромь и с посадникомь Твьрдиславомь. Того же лѣта ходи Всеволодъ на Рязань, и рече имъ: «поиде къ мнѣ съ сыномь моимь Ярославомь за Оку на ряды»; и переидоша к нему, и ту я изма, и посла пълкы, изма жены и дѣти, а градъ ихъ зажьже; и тако я расточи я по градомъ. На ту же зиму приде князь Мьстислав Мьстиславиць на Тържькъ и изма дворянѣ Святославли, и посадника оковаша, а товары ихъ кого рука доидеть; а в Новъ|город присла: «кланяяся святѣи Софии и гробу отця моего и всѣмъ новгородьцем; пришьлъ есмь къ вамъ, слышавъ насилье от князь, и жаль ми своея отцины». То слышавъше, новгородьци послаша по нь съ великою честью: «поиди, княже, на столъ»; а Святослава посадиша въ владыцьни дворѣ и съ мужи его, донеле будеть управа съ отцемь. Приде Мьстиславъ въ Новъгородъ, и посадиша и на столѣ отци, и ради быша новъгородьци. И поиде Мьстиславъ съ всемь пълкомь на Всеволода; и быша на Плоскѣи, и присла къ нему Всеволодъ: «ты ми еси сынъ, а язъ тъбе отець; пусти Святослава съ мужи, и всѣ, е‖же заседелъ, исправи; язъ гость пускаю и товаръ». И пусти Мьстиславъ Святослава и мужи его, а Всеволодъ пусти гость съ товары; хрестъ человаста и миръ възяста; и приде Мьстислав въ Новъгородъ.

10. Varlaam's Donation to Xutyn' Monastery (after 1192)

Се въдале варламе ст҃моу сп҃соу землю и огородъ и ловища
рыбьнаꙗ и гоголинаꙗ
и пожни ·а· рьль противꙋ села за волховомъ ·в· на волхевьци
коле ·г· корь ·д·
лозь ·е· волмина ·ꙅ· на островѣ и съ нивами· вхоу же тоу землю
хоутин (ь)
скоую въдале ст҃моу сп҃соу и съ челадию и съ скотиною. а се
бра (...)
·а· отрокъ съ женою ·в҃· вълос(·)г. дѣвъка феврониꙗ съ двѣма
сынов (...)
·д· недачь· а конь· шестеро и корова се· дрꙋгое село на слоудици
за (...)
бнею въдале ст҃мꙋ сп҃соу и божница въ немь· ст҃го георгиꙗ. и
нив(и) и по
жни и ловища и еже въ немь· се же все далъ варламъ михалевъ
сн҃· ст҃мꙋ
спсоу· аще кто диꙗволъмь на(оуч)енъ и злыми чл҃вкъı наваженъ
цьто хо
четь ѿꙗти ѿ нивъ ли ѿ пожьнь ли или ѿ ловищь· а боуди емоу
противень
ст҃ыи сп҃съ. и въ сь вѣкъ и въ боудоущии.

11. Riddle on a Wooden Bowl (fourteenth century)

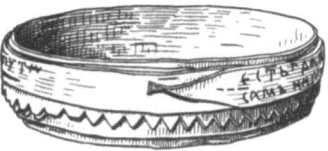

12. From the Galician Gospel (1144)

Мө. 7, 21 — 27.

Вс҃къ   оубо нже слышіть словеса мою си. и творнть ꙗ. оуподоблю ї моужю моудроу. ꙗже създа храмїноу свою на камене. ї сниде дъжь . ї прідоша ръкы ї възвѣаша ветрн. и нападоша на храминоу тоу. і не па-деса. основана бо бѣ на камене. и вс҃къ слышаі словеса мою си. и не твора їхъ. оуподобіться моудю боую. иже създа свою храмнноу на песцѣ. и сниде дъжь и прндоша ръкы. и възвѣаша ветрн. и образн-шаса храминъ тон. и падеса. и бѣ раздроушенье ею велье зѣло .

.Лук. 16, 1 — 12 .

Гл҃аше же и къ оученикомъ сво-имъ. Чл҃къ нѣкын бѣ богатъ. иже имаше прїставьнїкъ. и тъ оклеветанъ бѣ к немоу. ꙗко растауѧа имъные юго. и пріглашь и рече юму. что се слышю о тобѣ. въздажь ѿвѣтъ прїставнїуьствоу твоюмоу не въхмо-жеші бо к томоу домоу стронті. рече же въ собѣ прїставьнїкъ домоу. что сътворю ако г҃ъ мон ѿюмлють строюнье домоу ѿ мене. копати не могоу. просіті стыжюса. разоу-

мѣхъ что сътворю. игда ѿстав-лен боудоу ѿ строюньа домоу. прї-имоуть ма въ домы своа. и прн-звавъ юдїного когождо дължьнїкъ г҃на своюго. гл҃аше пьрвомоу. колїцѣмь дължьнъ юсі г҃ноу моюмоу. онъ же рече. сътѣмь мѣр. масла. онъ же рече юмоу. прїнмі боуквї своа. и сѣдъ скоро напішї патьдесатъ. по томь же дроугомоу рече. ты же колїцѣмь дължьнъ юсн. онъ же ре-че. сътѣмь кошь пшенїца. гл҃а юмоу. прїнмі боукъвї твоа. и на-пішї осмьдесатъ. и похвалї г҃ь ико-нома непракьднаго. ꙗко моудрѣ сѫ-творї. ако с҃нве вѣка сего. моудрѣн-ше пауе с҃нокъ свѣта въ родѣ сво-юмь соуть. Н ꙗзъ камъ гл҃ю. сътво-рїте собѣ дроугы. ѿ мамонны не-пракды. да игда оскоудѣюте. прїнмоут вы въ вѣуьныа храмы. Верным въ малѣ и въ мнозѣ вѣрьнъ юсть. и непракьднын въ малѣ. и къ мьнозѣ непракьдінъ юсть. аще оубо въ не-пракьднѣмъ житьи не бысте вѣрьнї. въ истїннѣмь кто вамъ вероу нмпеть. и аще въ уюжемь вѣрні не бысте-ваше кто вамъ дасть .

13. From the Life of Sava the Consecrated (thirteenth century)

Ѥмоу нѣкогда дѣлающоу въ мана-
стырьстѣмь оградѣ. помыслъ
нѣкыи приде ѥмоу ѣблыко съ-
грысти добро сыи ѕѣло красьно.
древле оуставьнаго врѣмене иже
помысломь са въжегъ. оуторгъ
же ѿ дрѣва ѣблыко. помыслив-
въ же оудержаса крѣпъцѣ. и осоу-
жашеса самъ гла. красенъ бѣ
образомь и добръ ѣдню. оумори-
выи ма плодъ адамомь изво-
льшю ѥмоу. ѣвивъшекса пло-
тьныма очима красьно. и дхо-
вьнаго наслажѣниѣ паче полю-
бивъшю. чрѣвноѥ многобрашен-
ньство. имьже и смерть въ ми-
ръ бѣлѣзе.

Сице тыи ѣѣковъ. къ своѥи кельи
молча. пакость ѥмоу бы ѿ бѣса блѫ-
днаго. и оу долго врѣма подкизаиса.
и на длъзѣ облѣникъса. найпаче
ѥже ѿ бѣса раждьжѣниѥ. въземъ
ножь ѿрѣза. не щада своѥго лона.
и не сътерпѣвъ болѣзни. и кръви те-
чениѣ. нача звати соусѣды. съ-
шедшемъса имъ. врѣдъ же видѣ-

въшемъ. й врача нѣкоего. ѿ лавры
призвавъше цѣлахоу ѥго. оувѣдѣ-
къ же стый сава. йцѣлѣвъша нѣ-
кова. ꙗко собѣ оубитела бывъша.
йз лавры йзгна. ѥгоже въ свой ма-
настырь великый. деодосъ приѥ-
мъ. ꙗже о нѣмь йспытавъ й отаза-
въ. съведе й къ лаврѣ. й помоли ста-
рьца приѧти ѥго.

 Блгокѣрный же нашь
црь прѣклонисѧ и ѿ патѣмь
стго савы прошѣнии. створи
же повелѣник къ соумоу. поке-
лащоу .҃г. златикъ създани-
ꙗ ради градоу. дати оцоу савѣ
ѿ палестиньскы дани и стра-
жоу ѿ коинъ. хранити въ ма-
настырихъ питати же ѿ да-
ни. бмь же хранимый нашь
црь. сн строꙗ съ трикоунниано-
мь. коукстеромь. блжный же
сава мало ѿстоупивъ стихоло-
гысаше въ себе давдскыꙗ плм
стоую слоужбоу трѣтькмоу чⷭ
сконьчеваꙗ. кдинъ же ѿ оуче-
никъ ѥго. нарицакмы икрми-
ꙗ. слоужитѣль съ великыꙗ
лавры. пристоупивъ к немоу
гла чтⷩный оче црю толико тъ-

щанню имоущоу прошѣнию

сконьчати. почто ты въстоу-

пивъ ꙋ него стоиши кромѣ. и

гла кмоу старець они чадо свою

дѣло творать. творимъ и мы свою ·:~

Црь же си вса оустроивъ давъ сто-

моу старцю писанню. ꙋпоусти

съ мироль.

14. Inscription on a Cross of Evfrosinija of Polock (1161)

+Въ лѣ ѕ҃ и ҂ѕ҃ ѳ· покладаеть ꙋфросиньꙗ чьстьныи

крстъ· въ манастыри своѥмъ· въ црькви стго спаса·

чьстноѥ дрѣво· бесцѣньно ѥсть· а кованьѥ его· злото

и серебро и каменью· и жьнчюгъ· въ р҃· гривнъ...

да нѣ изнесѣть са из манастыра никогда же...

15. Treaty of Prince Mstislav Davydovič of Smolensk with Riga and the Gothic Coast (1229)

Аже латинескии гость биѥть са мжю събою оу роуской земли·

любо мьчемь а любо дѣревъмь· кназю то

не надобе· мжю събою соудити. Тако аже роускии гость биѥть

са· оу ризѣ· или на гочкомь березе· латине то

не надъбѣ· ате промьжю събою оурадате са· Аже застанете роу

синъ· латинеского члвка· своѥю женью· за то

платити гривьнъ ı҃· серебра ·:· Тако оучинити роусиноу· оу ризѣ

и на гочкомь берьзѣ ·:· платити ·:· Аже ла

тинескыи члвкъ· оучинить насилиѥ· свободнѣ жене· а боудѣть

пьреже на ней не былъ сорома ·:· за то платити

гривьнъ ·е· серебра ❖ Таꙗ правда оузꙗти роусиноу· оу ризѣ· и на
    готескомь березе ❖ Аже боудѣте пьрвѣꙗ на

нѣи съръмъ былъ· взꙗти ꙗи гривна серьбра за насилиꙗ ❖ Аже
    насилоуꙗто робѣ· а боудоуть на на него послоу

си· дати ꙗмоу гривна серебра ❖ Такова правда оузꙗти роусиноу
    оу ризѣ· и на гочкомь березѣ ❖ Аже мьжю роу

синомь· и латинескъмь свꙗжеть дроугъ дроуга без вины· за то
    платити ·г· гривны сербра ❖ Аже боудѣте роу

синоу платити· латинескомоу· а не въсхъчеть платити ❖ тоть ла
    тинескомоу просити· дѣтского оу тиоу

на ❖ аже дасть наꙗмъ дѣтьскомоу· а не исправить за ·и· дний то
    вара оу роусина ❖ тоть дати ꙗмоу на събѣ пороу

ка ❖ аже смолнане· не дадоуть ꙗмоу вьль· смолнанъмь платити
    сам(ъ)мъ дългъ платити ❖ Таꙗ правда оу

зꙗти роусиноу оу ризѣ· и на гочкомь березе ❖ Аже тиоунъ оуслы
    шить латинескъи гость пришелъ· послати

ꙗмоу люди· с колы· пьревѣсти товары А не оудѣржати ꙗмоу·
    аже оудѣржить· оу томь сꙗ можете оучини

ти пагоуба ❖ Который вълъчанинъ· възмьть латиньскъи товаръ·
    чересъ вълъкъ вѣсти· а что погынеть

ѿ того товара· что ꙗмоу приказано ❖ тъ платити всемъ вълъча
    нъмъ ❖ Таꙗ правда роуси оузꙗти· оу ризѣ

й на гочкомь березѣ ❖ Аже латинеский· придеть к городоу· сво
    бодно ꙗмоу продавꙗти· ве а противоу того не мо

лвити никомоу же ❖ Тако дѣлати· роуси· оу ризѣ· на гочкомь
    березе ❖ Аже латинескии· оусхочеть ꙗхати·

и смольнеска· своимь товаромь· въ иноу стороноу про то ꙗго
    кнꙗзю не дѣржати· ни иномоу никомоу же ❖

16. Scribes' Postscripts to Pskov Acts and Epistles (1309-1312) and to Pskov Prologue (1383)

въ лѣ. ҂ѕ҃ ное. индикта
въ мц҃а. ноꙗбрꙗ. въ ѳ҃і
днь на памꙗ. ст҃го прⷪ҇рка
ꙗкдиꙗ. доконцанꙑ бꙑша
книгꙑ си при архіеппⷺ҇ но
вгородьскомь. дв҃дѣ. при ве
ликомь кнꙗзи. новгородь
сконь. михаилѣ. а пльско
мь. ивань федоровичі. а пса
лъ. максимъ а мирьское и
мꙗ станимирⷹ. сн҃ъ павла
попа. ст҃го въскрⷩ҇ниꙗ. а чи
гдѣ боудеть помꙗтено. или
криво написано. или съ дру
гомь бесѣдуꙗ. или въ мла
дооумии. своемь. то вѣ г҃а
іспрaвꙗче чтите. а не клꙗ
ните. ꙗко же апⷧ҇ паоу
лъ гл҃ть. бл҃гословите а
не кльнеть.

Се азъ рабъ бж҃ии. тара
сиі. ꙍитоннꙗвиць. а ми
рьское имꙗ станимиро
въ сн҃ъ. староста ст҃го въ
скрⷩ҇ниꙗ. дахъ книгꙑ сн҃.
ꙍ стꙗжаниꙗ своего. къ
стомоу въскрьсению. собѣ
въ здравие. и бр҃ии своеи.
и подроужию ̇̇̇ емоу. и чꙗ
домъ своимъ. и всемоу
племени своемоу. а ꙍцю

своемоу на памꙗть. и мт҃е
ри своеи. и всему плени сво
емоу измершимъ. а
писанꙑ бꙑша при попѣ
ст҃го въскрⷩ҇ниꙗ. парⷹу
ху. при старощении сво
емь. а при дружемь. ека
нь. клим̇атинници. в то(мь)
же лѣтⷪ҇. бꙑсть знаме
ние в лоунѣ. аминь
писалъ быхъ еще нъ всемѣ
ють ми сꙗ.

* * *

в лѣ. ҂ѕ҃. ꙍ. ч. а҃. Концанъ бꙑша
книгꙑ сиꙗ. мц҃а авгⷹ. ки. на па
мꙗ. ст҃го ꙍца моисѣꙗ. моурина.
А написанꙑ бꙑша книгꙑ сиꙗ.
ст҃му петру и павлу. на витве
никъ. при старосте. црⷦ҇вьⷨ
андреи. искунести. при другⷪ҇
гюрги городьньскомь. а при по
пе федосу. а кто давалъ кунꙑ.
на сиꙗ книгꙑ. даи б҃ъ юму. здо
ровьꙗ. и мъзда сп҃сениꙗ ꙍ б҃а при
ꙗти. и ꙍ ст҃го петра пособиꙗ.
а пиⷧ҇ъ гюрги попъ ст҃го въздви
жениꙗ. а где буду помꙗлъ сꙗ
въ грубости свои. и вꙑ г҃а испра
влꙗюце. чтите. того же лѣ
взꙗшь тотари маскву городъ
на руси. аминь.

17. From the Suzdal' Chronicle (copy of fifteenth century)

В лѣто 6879. Выиде из Орды князь Михайло Олександровичь на великое княжение, и въсхотѣ сѣсти на столѣ в Володимери, и не прияша его, а ркучи такъ: «взялъ еси лжею великое княжение». Того же лѣта, июня 15, князь великый Дмитрей Ивановичь поиде въ Орду. В то же время за князя Володимера Андрѣевича обручиша Олгердову дчерь, именемъ Олену. Того же лѣта князь Михайло Тфѣрьской поиде ратью къ Костромѣ взяти ю, и не случися ему, и увернуся на Молозѣ, и Мологу взя, и Углечѣ поле, и Бѣжицкый Верхь. Того же лѣта бысть знамение въ солнци: мѣста черны аки гвозди, а мъгла стояла по ряду съ два мѣсяца, толь велика мъгла была, яко за двѣ сажени предъ собою не видѣти человѣка в лице, а птици по асру не видяху лѣтати, но падаху на землю съ въздуха. На ту же осень князь великый Дмитрей Ивановичь выиде изъ Орды. На ту же зиму князь великый Дмитрей Ивановичь посла рать на Рязань, на князя на Ольга, и воеводу с ними посла князя Дмитрея Волыньского; князь же Олегъ събра воя многы, изыде противу ихъ, и стрѣтошася на Скорнищевѣ, и бысть имъ брань люта и сѣча велика, и поможе Богъ князю велпкому Дмитрею, а князь Олегъ убѣжа в малѣ дружинѣ, и сѣде тогда на княженьи на Рязаньскомъ князь Володимеръ Проньскый. Тое же зимы, мѣсяца декабря 30, князю великому Дмитрею Ивановичю родися сынъ Василей. Тое же зимы князь Володімеръ Андрѣевичь Московъскый оженися у великого князя у Олгирда Гедименовича Литовьского.

В лѣто 6880. Князь Олегъ Рязаньскый приде ратью на Рязань, на князя Володимера Проньского, и согна его. Тое же зимы князь Михайло Твѣрьскый подвелъ втай рать Литовъскую на градъ Переяславль, князя Кѣстутья Олгердова брата, да князя Андрѣя Олгердовича Полотьсково, и ины многы князи, по пасцѣ па другой недѣли въ вторникъ: посадъ около града пожгоша, а города не взяша, а людій множество и бояръ в полонъ поведоша, а Литвы множьство иссѣкоша Переяславцп, а иная погань в рѣцѣ истопоша въ Трубежѣ, подъ Переяславлемъ; а князь Михайло в то же время взя градъ Дмитровъ.

В лѣто 6881. Князь Михайло Тверьскый приде ратью к Торжьку, и взя градъ Торжекъ. Того же лѣта Олгердъ, князь Литовъскый, поиде ратью к Москвѣ: слышавъ же князь великый Дмитрей Ивановичь, поиде противу, и стрѣтошася у града у Лубудьска, и стояху рати прямо себѣ, а промежу ими врагъ крутъ, и не лзѣ снятися полкома на брань, и взяша миръ и разидошася.

18. Charter of Oleg, Prince of Rjazan' (ca. 1371)

1. [М]лрдьѥмь Бьимь. млтвою стоѥ бйн. й
2. млтвою ѿца своѥго князя велнкого йвана
3. ѿлександровнуа. й бавленьѥмь ѥпискупа ра
4. заньского й муромского васнльй. язъ кна
5. зь велнкий ѿлег йвановнуь. сгадавъ ѥсмь
6. съ своймь ѿцемь. съ влꙁкою съ васнльѥмь н съ
7. своймн бояры. а боаре со мною былн. софоннй алтыкулаѥвн. семен фєдоровь. мн
8. кнта аньдрꙁѥвь. тнмошь ѿлександровь. манасꙁй дадько. юрьй ѿколмнунй.
9. юрьй улшьннкъ. семен мнкнтьꙗь съ братьѥю. павел сороб. далъ ѥсмь ѿцю сво
10. ѥму арсѣнью [ман]астырь стоѥ бйн на ѿлговѣ. въ свободь до ѥго ж[н]-вота. а по своѥмь
11. жнвотѣ волен кого вонь бавнть на йгуменьство. а далъ ѥсмь стон бйн дому. аресто
12. вскоѥ село с в[ннамн] й с полнуънымь. й с рѣзанъкою й съ шестью десꙗ. й со всꙗмн пошлннамн.
13. й с бортннкн й с бор[тнымн] землꙗмн. й с поꙁемо й съ ѿꙁеры н с [бобры н с] перевꙁсьищн. а во
14. ꙁрꙁвъ ѥсмь въ да[вн]ный грамоты съ ѿцемь своймь съ влꙁкою с вас[нлье]мь. й съ бояръ. колн
15. ставлꙗн по первꙑ [. прꙁдꙁ]дн ншшн. стꙗю бйю. кна велнкнй. йнгваръ. кн[а] ѿлег. кна юрьй.

16. а̀ с ними бояръ .т҃. л мужий .х҃. тогды дали ст҃ой ви҃и дому .ѳ҃. земль
бортны̑. а҃. е҃. пого

17. стовъ. пѣсоуила а̀ в ней .т҃. семий. холохолиа. а̀ в ней по̑тора [с]та
семий. за̑и

18. унны. а̀ в ней .с҃. семий. вепрй̑ .с҃. семий. за̑уковъ .р҃. и .з҃. семий.
а̀ си

19. вси погосты съ землами с бортными. и̑ с поземо̑. и̑ съ ѡзеры и̑ с
бобры и̑ с пе

20. ревѣсьи̑ци. с рѣзанками и̑ съ шестью деса̑. и̑ с винами и̑ с полнуи̑.
и̑ со всѣ̑

21. пошлинами. а̀ хто даныхъ лю̑и̑ прадѣды нашими ст҃ой ви҃и дому. гдѣ
и̑муть

22. сѣдѣти и̑ли бортници и̑ли слободнуѣ. в мое̑й ѡу̑нѣ. ать знаю̑ть дом
ст҃ой

23. ви҃и а волостели мои ать не вст̑пляются в ни̑ ни ѡ которомь же дѣлѣ.
а̀ головуі̑

24. далъ ѳедоръ борисови̑. а̀ мордовское̑ далъ клименть. по данна̑о дворъ.
а̀ и̑ере

25. мѣй велйкии съ глѣбо̑. села свои̑ подавали г҃и ви҃и. а̀ муж[и] ѡлговскую
ѡко

26. лицю купивше у муромьскй̑ князй̑. давше .т҃. грив҃е̑. и дали ст҃ой ви҃и.
а̀ я̑зъ

27. кн҃а̑ великии ѡлегъ и̑кановй̑. што е̑смь далъ арестовское [с]ело. ст҃ои
ви҃и до

28. му̑. и што прадѣди иаши подавали которая̑ мѣста и люди. и̑ што бояре
подавалі

29. дому ст҃ои ви҃и. того хоую боронити. а̀ не ѡбидѣти ииуимь дому ст҃ои
ви҃и.

30. а̀ волостели и̑ даньиици и̑ я̑мьщики. ать не за̑имаю̑ть. богородиць̑скихъ
людй̑

31. ии про штоже. а̀ кто и̑хобидй̑ дому ст҃ои ви҃и. и̑ли князь. и̑ли вл̑ка. и̑ли
волостѣ̑

32. и̑ли кто и̑иыи̑. тотъ дасть ѡтвѣтъ передъ бо̑мь. ст҃ои г҃и ви҃и.

19. Instructions to Ambassadors from Novgorod to Prince of Tver' (1372)

Ѿ посадника (михаи́л)а. Ѿ тысачкого (м)атѳѣа (.) Ѿ боꙗръ . й Ѿ жить-
йхъ людей . й Ѿ чо(1)рнъіхъ людей . и Ѿ всего . новагорода (. се) послаше
новъгоро̑ . юрьꙗ̈ . й ꙗ̈кима . къ кнꙁ(ю) (2) к михайлѣ . на тѳѣрь . а велѣлѣ
мир(ъ) имати на семъ (.) аже . браю . нашю . попуща(ти) (3) беꙁ окупа . нов-
горо̑скихъ боꙗ̑ръ . й новоторьскихъ . (б)оꙗръ . житьйхъ людйн и (чор-
н)(4)ыхъ людйи . и сиро̑. новгоро̑ской . волости . й новоторьской . волости .
йли х(то да)(5)нъ . на пор(у̑к)ѣ . новгородѣчь . йл(и) новоторжанин(ъ) . а с
тъіхъ . пору̑ка на ꙁен(ь й)ли (6) кого . к ч(ело)в(ань)ю̈ приве̂ (.) а с тъіхъ
(че)лованьꙗ̈ . на ꙁемл(ю йли) грамот(ъі) де(рн)(7)оватъін . на кого пописалъ .
а тѣ грамотѣ . подере̂ . а что кнꙁь . михайла това(8)ръ пору̑бн̂ . браи на-
шеи . до новоторьского вꙁꙗтьꙗ̈ а того . товара . весь нов(9)горо̑. велѣлѣ
юрьꙗ̈. й ꙗ̈киму Ѿступитисꙗ а что товаръ. новгоро̑скеи . й но(во)(10)
торьскъіи . в торъшку . вꙁꙗтъ . а того. товара . весь . новъ . горо̑. велѣлъ .
юрьꙗ̈ (11) й ꙗ̈киму . Ѿступитсꙗ . а ꙁемлѣ (й) водѣ . старъіи . рубежь . по
старъімъ гра(12)мотамъ . а намѣстникъ . свои . с торъшку . сведе̂ . а на
семъ . повелѣше . весь (13) новъ . горо̑. юрьꙗ̈. й ꙗ̈киму . мир вꙁꙗти . съ
кнꙁмь . с михайломъ . а по(вел)ѣ(14)ша . печати . приложити . йꙁо всихъ .
пꙗти . кончевъ . къ сеи . грамотѣ . аже (15) кнꙁь . михайла . почне . пословѣ .
свои . слати . в новъ . горо̑. новъ горо̑. повелѣ (16)юрьꙗ̈. й ꙗ̈киму . пословѣ .
михайловѣ . понꙗти . в новъ . городъ ·:· (17).

20. Testament of Prince Dmitrij Ivanovič of Moscow (before 1378)

. . . .

1   скую свободу· руза . . . .
     дъ· въішегородъ· истерва· дмитрьева свобод[а] . . . . .

ми селъі и з бортники и с оброчники· и с мъі· а что бу
                                          прикупилъ [или п]рим[ъі]

слилъ или починковъ· или которае буть села оца моего ве-
                                          ликомъ кна[же]

ньѣ купла или мое села купленае· или бра моего села кнꙗжи
                                          иванов[ъі]

тѣ [с]ела и починки сну моему кнꙗ василью и моеи кнꙗгини
                                          и моим[ъ]

дѣтемъ· А чимъ мене блгвилъ о͠ць мои [кн͞а] великии кото-
рымъ зом[ъ]

суды или доспѣхъ· или что юзъ примыслилъ· то зото и
шапку зот[у]ю и че[пь]

и саб··· зотыѣ· и порты саженыѣ· и суды зотыѣ и серебреныѣ
суды· и ко[ни]

10 [и ж]еребьци и стада свою· да есмь своему с͠ну кн͞а василью
и св[оеи кн͞а]

гини и своим[ъ] дѣтемъ· а что о͠ць мои кн͞а великии.   . . . .

ское к с͠тму олександру· а к с͠тѣи б͠ци на круцицю чет[вер-
тую часть ис тамги ис ко]

ломеньское· а костки московьскиѣ к с͠тѣи б͠ци на м[осквѣ оу
с͠тго ми]

хаило. А того не подвигнуть· а что моихъ казнач[еи или
посельск]ихъ·

15 и тивуновъ· и деюковъ хто что от мене вѣд.... [с͠ну мое]му
кн͞а василью ни моеи кнагини ни моимъ дѣтемъ не надоб[ны·
А что м]

оихъ люи купленыхъ· а тымъ да есм[ь...] с͠нъ мои [кн͞а]
в[ас]ил[ии]

и мою кн[аг]ини и мои дѣти не приимають ихъ· а сю гра-
моту пилъ е

смь собѣ д͠швную· и ювилъ есмь о͠цю своему ол[е]ксѣю·
митрополиту· [всею]

20 ру· и о͠ць мои олексѣи митрополитъ всею ру и пе[ча]ть свою
при[вѣсилъ]

к сеи грамотѣ· а послу на сю грамоту· тимофѣи околничии
[васильеви͞ч]

иванъ родивонови͞ч· иванъ федорови͞ч· федоръ [анд]рѣеви͞ч а грам[оту]
пилъ дьюкъ нестеръ· а хто иметь сю грамоту чимъ рушати [н]а
е[го] дши·

21. Charter of Prince Ivan Aleksandrovič of Pskov (1463-1465)

＋ ѿ кн҃жа псковъского йвана. а҆лександрови҃. й ѿ по(1)садни҃.
псковьского степенного. максима ларн(2)вонови҃. й ѿ всехъ посадни-
ковъ псковъскпхъ (3) й ѿ бои҆ръ псковьскихъ. й ѿ купцовъ й ѿ
всего пскова (4) суседомъ нашпмъ. посадникомъ рижкимъ. й рат(5)-
маномъ рижкимъ. ӡдесе ӡалуютсѧ намъ. молоди(6)й люди купцпни.
йване. да куӡма. на вашего (7) брата на йволта. что тотъ йволтъ
не ӡнаи҆ бг҃а (8) вдержалъ нашихъ купцинъ йвана да куӡму (9)
.е҃. дне҆й. а҆ йскалъ на нихъ. животу брата сво(10)е҆го йвана. что
у҆бплъ брата е҆го. слуга е҆го(11)жь. а҆ йскалъ на нихъ чепи ӡоⁱᵒтой
да дву ковшо(12)въ серебраныхъ да кругу воску да белке (13)
беӡъ чпсла. да полътреꙗ҆дьчати бочекъ пп(14)ва да .і҃. й бочекъ
меду пресного. йно посадни(15)ки і ратмани того росмотрите.
мы тому велмп (16) дпвпмсѧ. что тей. йволтъ. не право чпнпть
что (17) на нашихъ правыхъ людехъ и҆щеть. цего (18) у҆ брата
е҆го й не было. было то такъ каⱨ бра е҆го (19) у҆бивъ слуга
тую̀ жь ноць жбегле йно ѿста(20)лоⱨ у него. полътретьꙗ҆дьчать
боцекъ пива. да (21) .і҃. бочке меду сыценого. йно тоӗ пиво й
мⁱдъ (22) поймали наши люди кому былъ йване (23) виноватъ. а҆
животъ е҆го ӡа печатьᵖ лежалъ (24) на городе. потомъ прие҆хавъ
йволтъ просплъ (25) у҆ насъ и҆справе головника і животу і пива
й ме(26)ду і мы ѿбыскавъ головнпка. выдали й живо(27)тъ
брата его. й ѡ̀нъ є̆ще почалъ просптп пива (28) й меду. і мы
поставпли. передъ йволтомъ ты(29)хъ людей. которпй и҆мали пиво
й медъ ӡа свой пе(30)нежп. йволтъ стоꙗ̆ говорплъ такъ мой
братъ не(31)впнова былъ нпкому жь. й мы ѿвечали йволту (32)
мы тобе. с тымы людмы судъ. дадпмъ по пской (33) послпне. й
ѡ̀нъ ѿвечалъ ꙗ̆ӡъ прие́халъ въ пскоⱨ не тѧ(34)гатсе. і҆ вы
посадники рижкий. й ратмани (35) не давайте волп такпмъ ӡброд-
намъ над нашп(36)мы купцинамы. что бы ѡ̀паⱨ неⱨ̄ржалъ
нашпхъ (37) купцпнъ нпкого. а҆ надобно е́мѵ на тыхъ людехъ (38)

їскати. которꙑй. поймали пиво й медъ ꙃа свой (39) пенежи. й

ѿнъ пусть ѣдеть ко пскову мы ѐму судъ (40) дадимъ (41)

жалуютсѧ їване Филимонове. да куꙃма креневе (42) на ївана.

на кортавого. вꙃалъ у нихъ .К҃. грпвенъ (43) а̇ вꙃалъ передъ

судьѐю. передъ кортомъ. что на кеской (44) улици живеть. (45)

22. From the Pskov Chronicle (copy of mid-sixteenth century)

Того же лѣта, мѣсяца ноября въ 28 день, на память
святого Линарха в четверг вечерь , погорѣ град Остров, приго-
род псковскыи ; и много оубытка христианом велми. Того же лѣта
попи ‿ невкоупнии биша челом Псковоу, что печалоуася били челом
великомоу князю и митрополиту Филипоу о 6-мь сборѣ . Тоя же
осени приехавше послови в рожественое говение , из Великого
Новагорода, Василеи Ентарникъ и Олександре Кваснкинъ , и на
самое Рожество христово, и по велиꙗ||кого князя доконцанию и по
новогородскомоу со Псковомъ, и крестъ цѣловаше . А во Псковѣ
посадникъ псковскыи Офанасеи Юрьевичь и бояре псковскыи
и соцкыи и соудьи тогды же и ляноую грамотоу подраша,
вынемше иꙁ ларя; и бысть всѣм християном радость велие , съ 8
бо годъ она была в лари , да много христианомъ истомы и оубыт-
ков в тоя времяна было. Тоя же зимы, мѣсяца генваря въ 7 день,
приеха съ Москвы поставленъ бысть владыка преосвященныи архи-
епископъ Феофилъ от митрополита Филипа; а всего езда его и сем
и тамъ пол четверта мѣсяца, а поставленъ бысть на Москви
пред Рожеством христовымъ, в неделю святыхъ праотець, и ради
быша новогородци своему владыке. Того же мѣсяца генваря || явися
на небесе звѣзда хвостатая , и была генварь мѣсяць всь да с не-
делю была февраля и изгыбла ; а сествие тои звезде предивно
велми: а овогда бо преди власи ея, а овогда назади; а шествие
творяше не по обычаю инех звезд; аможе хотяше тоуде шествие
творяше , овогда к полоуднию, овогда к полоунощию, а видение
ея бледовидно тако же и власы ея, овогда мали, овогда велици
от нея ; тѣм бо по всемъ странамъ ея не всеи Роуси , и в Нем-
цех видевши

23. From *Journey Beyond Three Seas* (*Xoženie za tri morja*) of the Merchant Afanasij Nikitin of Tver' (ca. 1475, copy of sixteenth century)

А въ Гурмызе былъ есми мѣсяцъ. а изъ Гурмыза пошелъ есми за море Индѣйское по Велице дни въ Радуницу, въ таву, съ коньми, и шли есмя моремъ до Мошката 10 дни, а отъ Мошката до Дѣгу 4 дни, а отъ Дѣга Кузряту, а отъ Кузрята Конбаату, а тутъ ся родитъ краска далекъ; а отъ Конбата къ Чювилю; а отъ Чювиля есмя пришли въ 7-ю недѣлю по Велице дни, а шли въ тавѣ есмя 6 недѣль моремъ до Чивиля. И тутъ есть Индѣйская страна, и люди ходятъ всѣ наги, а голова непокрыта, а груди голы, а власы въ одну косу заплетены. А всѣ ходятъ брюхаты, а дѣти родятся на всякый годъ, а дѣтей у нихъ много. А мужики и жонки всѣ нагы, а всѣ черны: язъ куды хожу, ино за мною людей много да дивуются бѣлому человѣку. А князь ихъ фота на головѣ, а другая на гузнѣ; а бояре у нихъ фота на плещѣ, а другая на гузне; княини ходятъ оота на плещѣ обогнута, а другая на гузне; а слуги княжіе и боярьскые оота на гузне обогнута, да щитъ, да мечь въ рукахъ, а инне съ сулицами, а иные съ ножи, а иные съ саблями, а иные съ луки и стрелами, а всѣ наги да босы да болкаты, а волосовъ не брѣютъ. А жонки ходятъ голова непокрыта, || а сосцы голы. А поропки да девочки ходятъ наги, до семи лѣтъ, соромъ непокрытъ. А ис Чювиля сухомъ пошли есми до Пали 8 дни, до Индѣйскіе горы , а отъ Пали до Умри 10 дни, и то есть городъ Индѣйскый; а отъ Умра до Чюнеря 7 дни, ту есть Асатханъ Чюнерскыа Индѣйскый, а холопъ Меликтучаровъ, а держатъ семь темъ отъ Меликъточара. А Меликътучаръ седитъ на 20 тмахъ, а бьется съ Кафары 20 лѣтъ есть: то его побивають, то онъ побиваетъ ихъ многажды. Ханъ же ѣздитъ на людехъ, а слоновъ у него много, а коней у него много добрыхъ, а людей у него много Хоросанцевъ, а привозятъ ихъ изъ Хоросаньскіе земли, а иные изъ Орапской земли, а пные ис Туркменскые земли, а иные ис Чеботайскіе земли; а привозятъ все моремъ въ тавахъ Индѣйскіе карабли. И язъ грѣшный привезлъ жеребца в Ындѣйскую землю и дошелъ есми до Чюнеря, Богъ далъ, по здорову все, а сталъ ми во сто рублевъ. Зима же у нихъ стала съ Троицына дни, а зимовали есмя въ Чюнерѣ, жили есмя два мѣсяца, ежедень и нощь 4 мѣсяцы всюда вода да грязь, въ тѣ же дни у нихъ орютъ да сѣютъ пшеницу, да тутурганъ, да ногутъ, да все съѣстное

24. Deed of Vasilij, Abbot of Čuxčenma Monastery near Xolmogory (fifteenth century)

Се купи игуменъ василеи. оу ꙗкова. оу блѣва. ѡчн҃у мѣхѣѣви до(1)черн ѳедосьину. оу глухомъ погости полъ дворица. й полъ ѿгоро(2)дца. на горн на зꙑѣцкомъ поли полполца ѿрамой ꙃемли. а межа (3) с лукерьйною ꙃемлою петровн жонн. й с фатѣѣвою ꙃемлою. (4) й ꙗкутиною ꙃемлою. й в другомъ мѣстѣ полполца ѿрамици а̇ (5) в межахъ с григоровою ꙃемлою. й с лукерьйною ꙃемлою. й на нн(6)зу на лужн половина ѿрамици і бережного лоскута полокина ѿра(7)мици. й на мудьюгннн новолокн лоскутъ ꙃемли. й оу микулнна ѣꙃу (8) полположенки. й козли кочкомъ ѿꙃеро половина ѿрамици й пожни (9) й притеребъ. й полпутика мѣхѣѣви ꙃемли. ѳедосьйнн ѡчн҃н. го(10)рнни ꙃемли. й ꙃа погостомъ ꙃемли.

игумну василью чисты. й далъ (11) йгуменъ василей. ꙗкову на той земли.
три сороки бѣлки. свиньꙗ (12) пополонка. а на йꙁбѣ да на клѣти да на
ѡвинн дѣсать вѣ. а купилъ (13) йгуменъ василей ту землю собѣ й вѣки.
а на то послухи фатьꙗ(14)нъ васильевн. петре мартушовъ. двдъ ꙁа-
харьйнй. максимъ сн(15)вцовъ. ларивонъ баевъ. а в печати стоꙗлъ петре
оу ꙗковле мѣсто (16) а землю ꙁавелъ ꙗковъ самъ. а ѡчищивати та земла
ꙗкову. (17)

25. Court Record on Burning of Il'inskaja Village of Euthemius Monastery (Suzdal', 1503)

По великого князя слову Ивана Васильевича всеа Русіи, сій судъ
судилъ Семенъ Борисовичь. Тягался Александръ старецъ изъ Суз-
даля Еуѳимьева манастыря съ Михалкомъ з Жукомъ съ Насоно-
вымъ сыномъ. Такъ рекъ Александръ старецъ : « Жалоба ми, гос-
подине, на того Михалка ; тотъ, господине, Михалко жилъ у насъ
въ манастырской деревнѣ в Ылинской два году, да вышолъ вонъ
о Оспожинѣ дни, а тому, господине, годъ будетъ Оспожинъ день. И
язъ, господине, взялъ на немъ пожилого за дворъ полполтины
денегъ да и паренину есми, господине, его на манастырь рожью
посѣялъ. И тотъ, господине, Михалко риясь тому да ту деревню
манастырскую Ильинскую зжогъ и з житомъ, и з животомъ, а все-
го, господине, зжогъ въ той деревнѣ на полдесята рубля ». И
Семенъ Борисовичь вспросилъ Михалка : « Отвѣчай ». И Михалко
такъ рекъ : « Что, господине, говорити? грѣхъ мой ко мнѣ при-
шолъ : ту есми, господине, деревню манастырскую Ильинскую
зжогъ з житомъ и з животомъ, а подговорилъ меня, господине, и
жогъ со мною ту деревню манастырскую Копосъ Ѳедковъ сынъ
Чернакова ». И Семенъ Борисовичь вспросилъ Михалка : « Гдѣ жъ
твой товарищъ Копосъ? » И Михалко такъ рекъ : « Копосъ, госпо-
дине, товарищъ мой, бѣгаетъ ». И потому Семенъ Борисовичь
Еуѳимьева манастыря ищею , старца Александра, оправилъ, а
отвѣтчика Михалка Жука Насонова сына обвинилъ и велѣлъ на
немъ великого князя недѣлщику Гридѣ Свѣтикову ищеѣ старцу
Александру полдесята рубля денегъ за манастырскую гибель до-
правити...

26. From *House Orderer (Domostroj)* According to Copy of Moscow Society of History and Antiquities (sixteenth century)

ГЛАВА а҃і.

Како дш҃ѹ свою оукрасити ст҃ыми ѡбразы и
храмъ чтⷭ҇ъ имѣти.

В' домѹ своѐ всѧкомѹ хрⷭ҇тіанинѹ въ всѧкои
храминѣ ст҃ыѧ и чтⷭ҇ныѧ ѡбразы написанныѧ на
иконⷶ по сѹществѹ ставити на стѣнⷶ, оустроивъ
блголѣпно мѣсто со всѧкии оукрашеніё і со свѣтил-
никн, в них же и свⷷщи преⷣ ст҃ыми ѡбразы вжигá-
ютсѧ на всѧкоⷨ славословіи бж҃іи, і по пⷷнии погá-
шаютсѧ і завⷷсою закрываютъ, всѧкіе ради нечистоты
і ѿ пыли, благочиніа ради й бреженіа. а всегда
чистⷠ крилцⷷ ѡбметати і мѧгкою гѹбою вытирати
нⷯ, й хрⷶ тⷪ всегда чиста имⷷти. а к ст҃ⷨ ѡбразоⷨ
касáти достóйнⷯ в чистⷷ совⷷсти, и на славословіи
бж҃іи, й на ст҃о пⷷнии, й на мⷶтвⷶⷯ свⷷщи вжигáти
і кадити блгобонⷯⷠ ладанⷪ і фимиⷶноⷨ, а ѡбразы
ст҃ыѧ поставлѧютсѧ по чинѹ, ст҃о почи-
таеми сⷤ иманы преⷣ реннⷯми, в мⷶтⷯⷶ і во бдⷷніи,
й в поклонⷷ і во всѧкоⷨ славословіи бж҃іи всегда по-
читати иⷯ со слезами й с рыданіё й сокрушеннⷠ
срⷣцⷷ, исповⷷдаⷷ ѡ своиⷯ согрⷷшеніи й просѧще ѿпѹ-
щеніа грⷷховъ.

ГЛАВА в҃і.

Каⷦ҇ себⷷ на ѡбиходⷪ кѹпити всѧкои то-
варⷯ замⷪрⷬскои ізⷯ далны земль.

А вобⷯ оу гостѧ цⷷлои кѹпи, или двⷶ і три,
колко хощеⷷ, да и задⷷлати дай дома, на всⷷ при-
годитⷰⷩ, а ѿ рѹблⷷ почⷶⷩ избѹдеⷮ. а платⷰⷠⷷ ко-

сѧ, а сꙋкна постаⷡ, или розныⷨ поставцехъ, шелкꙋ
литрою, золота і серебра потомꙋⸯ, или бѣлка, или
песецъ, і всꙗкой запаⷭ, коли чемꙋ накоⷣ, й по
смотрѧ й по промыслꙋⸯ, й по рꙋко-
дѣлю й по своеи семьѣ, і по своемꙋ прожиⷮкꙋ, тако
й покꙋпати запаⷭ коли чего много й дешево, і по
рꙋкодѣлникоⸯ, й по мастерицаⷨ, ино споро й прибꙑⷤно.
а толке лꙋчитца свои мастеⷬⷤ портнои й сапожнои,
й плоⷮни, і во всꙗкоⷨ запасⷦ і въ остаткⷶ й въ
обрѣⷣⷣско прикꙑ бꙋде, или к новомꙋ порⷮтищꙋ остаⷮки
пригодѧтца, или к ветчаномꙋ почиⷩ, а ты тⷪⷳ не
прикꙋпае. а лⷬѣⷭ й дрова, й бочки, й мⷬкⷳринки, й скалꙑ,
і дꙋбни, і лꙋбьѣ, й липнꙗ, і доки, й драницꙑ, й
желобꙑ, коли томꙋ накоⷣ, к зимⷣѣ на козⷣⷣѣ, а весⷩѣ
на плоⷮтⷣⷣ й к лꙋⷣⷪⷳⷣ, на гоⷬ запасешⷳ, ꙋ всего не додашⷳ,
ꙋ роꙋбла четкеⷬⷮ збоꙋдетца. а оꙋ прасола коли за-
надобⷣⷳитца, не любое кꙋпишⷳ, а денеⷬ слишкоⷨ дашⷳ.

ГЛАВА ҃ⷢ.

Тако́же і всꙋшиⷧе рꙑба, й масⷪ, і ꙗзꙑⷦⷳ, і
прꙋтоваꙗⷤ, і пласти, і валенаꙗ рꙑба блюсти.

в сꙋшиⷧе мѧ́со поⷮⷮевое, і солонина вѣⷮренаꙗ,
полоⷮⷮки і ꙗзꙑки, і прꙋтоваꙗ рꙑба, і пласти, і всꙗ-
каꙗ рꙑба валаꙗ, і вѣⷮренаꙗ, і в рогожⷳⷳ, і в крош-
нꙗⷤ, й вадꙑши і хоⷯоⷣⷳки, і то бꙑ бꙑ всⷣⷣⷳ в счетⷣⷳ і в пиⷨⷣ,
сꙋоⷣⷣⷳке его припасено, і бꙑвⷣⷣⷳшено, і проваⷳⷣⷳлено, і із-
держано, то бꙑ береⷤно, неизгнило, неизмочено, й не
измꙗⷮто, ꙋбережено бꙑ ѿ всꙗкіꙗ пакоⷮти, ѿ мꙑшеⷣⷳ і ѿ
кошеⷣⷳ і ѿ соⷣⷳка, і ѿ робⷣⷳ всегⷣа бꙑ закнꙋⷳто. а все
пересматрикати й перебирати і пересꙋшивати, і лꙋчⷣⷳ-
шее в даⷳ блюсти, а што портитца, то напереⷣⷤ изво-
ди къ пригоⷣⷮ, семьꙗ кормити хорошеко ꙋдⷣⷣⷳлаⷳⷳ, і ни-
щиⷣⷳ даⷳ, ино спⷩⷳіе, а згнои даⷬⷮⷳ за ворота вꙑкинꙋⷳ.

27. From Ivan Peresvetov's *Large Petition* (*Bol'šaja čelobitnaja;* ca. 1549, copy of seventeenth century)

Государю благовѣрному великому царю и великому князю Ивану Ва-
силиевичу всея Русиі бьет челомь холопъ твоѝ государев, выѣждеѝ из
Литвы Ивашко Семенов сынь Пересвѣтов. Вывезл есми к тебѣ, госу-
дарю, рѣчи изо многих королевствь государьския и от Петра, волос-
каго воеводы, и дѣла твои царская. I тѣ, государь, рѣчи и дѣла
легли вь казнѣ твоеѝ государева, а меня, холопа своего, за тѣ рѣ-
чи i за дѣла велѣл еси, государь, гораздо пожаловати. А тѣ, госу-
дарь, рѣчи и дѣла и до сѣх мѣст пред тобою, государем, не бывали.
Iно, государь, противен пред тобою, государемь, а дѣла твои, го-
сударь, у меня службы моеѝ. А в тѣх, государь, королевьствах
твоему царскому прирожению и знамению небесному велми дивилися и
хвалили и славили мудрыя люди, философи греческия и дохтуры латынь-
ския, и рекли так про тѣ рѣчи: "Годится таковому царю воинскому,
от Бога мудрому прироженному таковыя рѣчи златом разписати и при
себѣ на многа лѣта держати и после себя иному царю оставити тако-
выя дѣла и славу свою царскую". А я тѣ рѣчи, государь, и дѣла
достал в тѣх королевствах у мудрых людей. Как тебѣ, государю, по-
любится служьбишко мое, холопа твоего? . . .
     А яз, холопъ твоѝ, Ивашко Пересвѣтов, 11 лѣть минуло, не могу
доступити тобя, государя благовѣрнаго царя и великого князя. Кому
ни подам память, i они до тебя, государя, не донесуть, велможи
твои. А на приѣзде, государь, приказал еси меня, холопа своего,
боярину своему Михаѝлу Юрьевичю во всемь. И въскоре, государь,
после твоего государева приказу Михаило Юрьевич преставися, и яз,
государь, без приказу и по ся мѣст живу, тобя, государя, доступити
не могу, побити челом о приказе. А приѣждему человѣку без приказу
и без бережения прожити немочно во твоем царстве государеве.   И
доступил есми тобя, государя, у праздника в церкви Рожества пре-
чистыя Богородицы, и подал есмь тобѣ, государю, двѣ книжки с твои-
ми рѣчми царскими, что есми вывезл из ыных королевств, служачи
тобѣ, государю, благовѣрному царю и великому князю. I ты, госу-
дарь, меня, холопа своего, не приказал никому. И будет тобѣ, го-
сударю, великому царю, не полюбится служьбишко мое i рѣчи, что яз
вывезл iз ыных земель и королевствь, слышав от многих мудрыхь людей
и дохтуров и философ про твое царское мудрое прирожение, так пи-
шут о тебѣ, о великом царѣ, по небесному знамению, о твоем царстве
и о мудром воинстве: "Беречи вѣры християнския и умножити, невѣр-
ных в вѣру приводити, i славу Божию возвышати, и правду во цар-
ство свое вводити, и Богу сердечную радость воздавати", – и ты,
государь, тѣ книжки обе мнѣ вели отдати назад. Да сию книжку про-
четши, мнѣ же вели отдати, толко тобѣ, государю, не полюбится,
благовѣрному царю.

28. From a Letter of Ivan IV to Prince Kurbskij (1564)

Яко же выше рѣхъ, какова злая пострадахъ отъ васъ отъ юности
даждь и доселе, пространнѣише изобличити. Се убо являетъ (аще убо и
юнъ еси сихъ лѣтъ, но обаче видѣти можеши): егда Божіими судьбами
отецъ нашъ, великій государь царь Василеи, премѣнивъ порѳвру ангель-
скимъ премѣненіемъ, тлѣнное се и мимотекущее земное царьствіе оставль,
пріиде на небесная во онь вѣкъ нескончаемыи, предстояти Царю царемъ и
Господу господемъ, мнѣ же оставшу со е||динороднымъ братомъ, свято почив-
шимъ Георгіемъ, мнѣ убо третію лѣтю сущу, брату же моему лѣта еди-
наго, родительницы же нашеи благочестивеи царицы Елене въ сицевыхъ
бѣдна вдовствѣ оставльше, яко же въ плененіи отвсюду пребывающу, ово
убо иноплеменныхъ языкъ отъ кругъ приседящихъ, брани непримиритель-
ныя пріемлюще отъ всѣхъ языкъ, Литаонска, и Поляковъ, и Перекопи, и
адъ Читаръ Хана , и Нагаи, и Казани, овоже отъ васъ измѣнниковъ беды
и скорби и различными виды пріемлюще, яко же подобно тебѣ, бѣшенои
собакѣ, князь Семенъ Бельскои да Иванъ Лятцкои оттекоша въ Литву и
и тамо скакавше бесящеся и въ Царьградъ , и въ Крымъ, и въ Нагаи,
и отвсюду на православія рати воздвизающе; но ничто же успѣша: Богу
заступающу, и пречистая Богородица, и великимъ чюдотворцомъ, и роди-
телеи нашихъ молитвами и благословеніемъ, вся сія яко же Ахитѳель со-
вѣтъ разсыпася . Тако же потомъ дядю нашего, князя Андрѣя Ивановича,
измѣнника на насъ подъяша , и съ тѣми измѣнники пошелъ было къ
Новуграду (яно которыхъ хвалиши! доброхотныхъ намъ и душу за насъ
полагающихъ называешь!) и се въ тѣ поры были отъ насъ отступили, || а
къ дядѣ нашему князю Андрѣю приложилися, а въ головахъ твои братъ,
князь Иванъ княжъ Семеновъ сынъ, княжъ Петрова Львова Романовича,
иные многіе; и тако зъ Божіею помощію тотъ совѣтъ не сотворися . Ино
то ли тѣхъ доброхотство, которыхъ ты хвалишь? И тако ли душу свою за
насъ полагаютъ, еже насъ хотѣли погубити, а дядю нашего воцарити?
Потомъ же, измѣннымъ обычаемъ, недругу нашему Литовскому почали
отчину нашу отдавати, грады Радогоснъ , Стародубъ, Гомеи : и тако ли
доброхотствуютъ? Егда нѣсть на всеи земли, кѣмъ погубити отъ земля и
славу въ прелесть вселити , и тогда иноплеменнымъ примѣшаются лю-
бовію , точію да погубятъ безпамятно!

29. From Prince Kurbskij's *Reply to the Tsar of Muscovy* (*Otvěščanie carevi Moskovskomu;* 1579)

А еже пишеши, аки бы царвцу твою счаровано и тебя съ нею разлучено отъ тѣхъ предреченныхъ мужеи и отъ меня.—азъ ти за оныхъ святыхъ не отвещаю, бо вещи вопиютъ, трубы явленнѣиши гласъ испушающе, о святывѣ ихъ и добродѣтели; о мнѣ же вкратце отвещаю ти : аще и зело многогрѣшенъ есмь и недостоинъ, но обаче рожденъ быхъ отъ благородныхъ родителеи, отъ племяни же великого князя Смоленскаго Ѳеодора Ростиславича, яко и твоя царская высота добрѣ вѣси отъ лѣтописцовъ Рускихъ, иже тое пленицы княжита не обыкли тѣла своего ясти и крове братіи своеи || пити; яко есть нѣкоторымъ издавна обычаи, яко первіе дерзнулъ Юреи Московскіи въ ордѣ на святаго великаго князя Михаила Тверского, а потомъ и прочіе, сушіе во свѣжеи еще памяти и предъ очима. Что Углицкимъ учинено и Ерославичемъ и прочимъ единые крови, и како ихъ всеродне заглажено и потреблено? Еже ко слышанію тяжко, ужасно ! Отъ сосцовъ материихъ оторвавши, во премрачныхъ темницахъ затворенно и многими лѣты поморенно, и внуку оному блаженному и присно Боговенчанному ! А тая твоя царица мнѣ, убогому, ближняя сродница. яко узришь сродство оно на странѣ того лица написано .

А о Володимере брате воспоминаешь, аки бы есть мы его хотѣли на царство,—воистинну, о семъ не мыслихъ,

понеже и не достоинъ былъ того. А тогды же есмь угодалъ ' грядущее мнѣніе твое на мя, когда еще сестру мою насиліемъ отъ меня взялъ еси за того то брата твоего, наипаче же,— могу по истинне со дерзновеніемъ,— въ тотъ вашъ издавна кровопивственныи родъ.

А еже хвалишися и величаешися горе и долу, иже Лаөлянтовъ окаянныхъ поработилъ еси, аки бы животворящаго креста силою,—не вѣмъ и не разумѣю, аще бы то вѣре было || подобно: подобнеише, съ разбоиническихъ крестовъ хоругвями! Иже еще кролеви нашему, отъ маестата своего не двигшуся, и вся шляхта въ домехъ своихъ пребывающе и все воинство королево при королѣ на мѣсте было, а уже кресты тые во многихъ мѣстехъ поломались отъ неякаго Жабки а въ Кеси, стольномъ градо, отъ Латышеи; а сего ради поистиннѣ, не Христовы кресты. но погибшаго *разбоиника* , яко предъ разбоиникомъ ношено. Гетмани же Лятцкіе и Литовскіе еще ани начинали готовитися сопротивъ тебѣ, а твои окаянныи воеводишка, а праведнеиши калика рекше, изъ-подъ крестовъ твоихъ влачими въ чимбурехъ здѣ, на великомъ совмѣ, идеже различные народы бываютъ, ото всѣхъ подсмѣваеми и наругаемы, окаяннии, на прескверное и вѣчное твое постыдѣніе и всеа святорускіе земли, и на посрамощеніе народовъ, сывовъ Рускихъ.

30. From Russian Songs Recorded for Richard James in Moscow (1619-1620)

ѧ не си҃намъ тꙋча ꙁатꙋ
чиласѧ. а не синїи
громы грꙗнꙋли, кꙋде
едетъ собака кры˟скои
цр҃ь, а ко синемꙋ цр҇твꙋ

московскомꙋ, а н҃нѣчи
мы поедемъ к каменно҅
москвѣ, а на ꙁадъ мы
поидемъ рѣꙁанъ воꙁмѣ˟
а какъ бꙋдутъ о҅нѣ о҅ки
рѣки, а тꙋтъ о҅нѣ станꙋ̄
белы шатры роставли
вать, а дꙋма҅те
вы дꙋмꙋ с цѣла ꙋ
ма, комꙋ҄ ꙋ насъ сидѣ̄
в каменно҅ москвѣ,
а комꙋ ꙋ насъ в воло
димере, а комꙋ ꙋ на˚
сидетъ в сꙋꙁдале
а комꙋ҄ ꙋ насъ деръжа̄

рѣꙁань старꙗ, а коᴍᵛ
ꙋ насъ в звѣни городе.
а комꙋ ꙋ насъ сідеть

в нове городе, выхо
дитъ диви мꙋрꙁы сꙑ
ꙋланови˟, а еси Гдр҃ь на

шъ крымско҅ цр҃ь, а тобе
Гдр҃ь ꙋ насъ си дѣ̄ в ка

менно҅ москвѣ, а сн҃ꙋ
твоемꙋ в володимере
а племникꙋ твоемꙋ

в сꙋꙁдале. а сроди
чю в звѣнигороде,
а боꙗринꙋ конюше˟ᵗ
держать рѣꙁань ста
раꙗ, а менꙗ Гдр҃ь
пожалꙋи новымъ
городомъ, ꙋ менꙗ
лежатъ тамъ свѣ
тъ добры дни батю
шко, диви мꙋрꙁа сн҃ъ

ꙋлановичъ, прокли
чё с нб҃съ Гдн҃ь гласъ
ино еси собака кры˟ско҅
цр҃ь тоᴶᴵ тобѣ цр҇тво
несвѣдомо, а еще
есть на москвѣ
семьдесꙗтъ апт҃˚ло
въ, о҅пришенно тре˟
ст҃леи. еще есть
на москвѣ право

славнои цр҃ь, побѣ
жалъ еси собака кры
мско҅ цр҃ь не пꙋтемъ
еси не дорогою, не по
ꙁнамени не по черномꙋ.

31. From Translation of Johann Jacobi von Wallhausen's *Kriegskunst zu Fuss* (*Učenie i xitrost' ratnago stroenija pěxotnyx ljudej;* Moscow, 1647)

Пе́рваѧ глава̀ .

Оуча́тъ , ка́къ полко́мъ радовы́мъ оуста́вомъ и҆ттѝ .
адѣ́телный чита́телю пре́дсимъ в шесто́й ча́сти
а тебѣ̀ нѣ́которыѧ похо́дныѧ оуста́вы ѿдно́го
реге́мента оуча́лъ , нѣ́которыхъ похо́дныхъ оуста́-
вовъ тебѣ̀ справчиво нѣкоторомѣ́щно в да́сѧое боевое ѿпоуче́-
нїе оустро́нтисѧ . а҆ ны́нѣ зде́сь а тебѣ̀ радовсѝ на́й-
гксн похо́дной оуста́въ научю̀ , и҆что̀ ма́лыми рѣ́чми
и҆накоро́ткѣ чего̀ напо́ходѣ примѣ́чати на́добно .

И на похо́дномъ оуста́вѣ полкꙋ̀ па́че всѣ́хъ добѣ́детсѧ второ
жестла́цꙋ ѡ̆собно вѣ́дати , и҆ полксенкъ е҆мꙋ̀ приказы́ваетъ
того̀ ѡ̆стерега́нт , и҆ в до́бромъ оуста́вѣ держа́ти , когда̀ и҆вме
дрꙋгове́ землѣ̀ , и҆ш в дрꙋга е҆жечлсь прихо́дꙋ чла́ти, та́кже
и҆когда̀ бестраха безводной землѣ̀ ка́къ е҆мꙋ̀ пря́мо оуража́.
а когда̀ о҆нъ в не дрꙋгове́ землѣ̀ и҆де́тъ , и҆ тогда̀ е҆мꙋ̀ на́добѣ
похо́дной оуста́въ та́къ стро́нти , что́бы е҆мꙋ̀ послѣ́шно
и҆ в ско́рѣ не похо́дного оуста́вꙋ боевое ѿполче́нїе оустро́нти
смотрѧ̀ пото́мꙋ , ка́къ по нꙋ́же и҆ по времени҆ ѿ не дрꙋ́га , и҆ по мѣ́-
стꙋ добѣ́детсѧ . и҆ гора́здо на́добѣ примѣ́чати , како́въ ли
дрꙋ́гъ проти́въ е҆го̀ и҆де́тъ , со дни́мли конны́ми , и҆ли со ни́-
ми пѣ́шими людмѝ , и҆ли собѣ́ими с конны́ми и҆ с пѣ́шими людмѝ

вмѣ́стѣ , и҆ на́добѣ е҆мꙋ̀ гора́здо вѣ́дати кото́рою мѣ́рою е҆мꙋ̀
похо́дномꙋ оуста́вꙋ велѣ́ти и҆ттѝ , и҆ разꙋжде́нїе и҆мѣ́та
и҆зна́ти , кото́рымъ ѡ̆бы́чаемъ мѣ́сто , и҆ како́й прихо́дск
землѧ̀ , ро́внымъли и҆ли го́рнстымъ , и҆ли боло́тнымъ , и҆ли тѣ́-
сны́мъ , просто́рнымъ и҆ли оу́скимъ мѣ́стомъ е҆мꙋ̀ и҆ттѝ , ко-
гда̀ по оу́трꙋ по времени҆ с полко́мъ поды́метсѧ , и҆ е҆мꙋ̀ всѣмъ
полко́мъ , и҆ в бꙋ́емн знаме́ны пред ста́номъ ста́ти . и҆ всѧ́комꙋ

капитанꙋ накажетъ , какъ е҆мꙋ ссвоѵ҆мъ знаменемъ и҆тти
и҆ и҆зовсакой роты возметъ подесати , и҆ли педватцати
человѣкъ , смотра понꙋже и҆понадобїю , сколко впередовсй
стороже надобѣ , и҆стѣми людми велитъ капитанꙋ дап
роꙋтникꙋ дадвꙋмъ сержантомъ , да барабанщикꙋ передполксм
впередъ и҆тти . а҆поꙋтнымъ знатцамъ и҆встовщиксм вве
гда наготовѣже быти , чтобы дорогꙋ оꙋказавати , и҆росказы
вати . да оꙋтогоже стороже́вого полкꙋ надобѣ ѿвса
кой роты или ѿ знамени быти подва человѣка пластникомъ
которымъ д сроги и҆приходы розчищати , а҆ оꙋвсакой рсти
надобѣ быти поꙋетыре человѣка плотникомъ , и҆то полк
ншси мѣрѣ . а҆тѣ плотники салдатыже какъ и҆рныа
толко платежꙋ и҆мъ е҆сть посолши радоваго салдата . а҆на
походѣ надобѣ капитанскимъ ротамъ поденно всторже
комъ передовомъ полкꙋ пермѣнатиса , чтобы несвгда
ѡ҆днои ротѣ назади и҆тти , потомꙋ , что салдатомъ ѡ҆тсм
много належитъ кто напереди или назади р҆дстъ , потсмꙋ
что тѣмъ которыа напереди и҆дꙋтъ , легте задних҆ . ап
лꙋковниковꙋ ротꙋ непремѣнати , потомꙋ , что полковнекꙋ
хоꙋетса чтобы е҆го рота всгда напереди шла . а҆попрамсмꙋ
разсꙋжденїю , чтобы межь салдатами ссединенїе было . но
надобѣ , и҆е҆го ротѣ перемѣнаючиже и҆тти , потсмѣже как
и҆ и҆ных҆ капитаѵъ роты , попеременамъ ходатъ .
а҆толко полковниковѣ ротѣ всгда напереди и҆тти , и҆и҆ных҆

роты салдаты всгда ѡ҆томъ станꙋтъ ропта́ти , ꙋкмъ
полковниковы роты салдаты насъ лоꙋтши , что и҆мъ
всгда напереди и҆тти .

32. From G. Kotošixin's Memoirs *On Russia* (*O Rossii;* 1656)

16. А какъ приспѣетъ обѣдъ, и въ то время царь и съ царицею
ѣдятъ въ той же полатѣ, гдѣ сперва чинъ начался, а словетъ тотъ
столъ княжей; и садитца царь съ царицею за своимъ столомъ на
маестатехъ, а чиновные люди и боярыни въ прежнихъ своихъ
мѣстѣхъ; и по обѣдѣ ставятъ на столъ овощи всякіе, сахары и ягоды
и иные диковинки, и въ то время царь и царица и всѣ чины стоятъ;
и сперва царя и царицу отецъ и мать посаженые, и царевны, и си-
дячіе бояре и боярыни, и тысецкой, начнутъ благословляти образами
окладными, и потомъ царя дарятъ бархатами и отласами и камками
и объярми золотными и серебряными, и соболми, и серебряными
кубками, также и царицу дарятъ бархатами жъ и отласами и
камками и объярми, и соболми, и перистми золотыми съ каменьемъ,
и сосуды серебряными, у кого что прилучилось; и ѣтчи и пивъ за
здоровья ихъ государскіе, того дни бояре и всѣ чины розъѣдутца
по домомъ. Такимъ же обычаемъ и на третей день у царя потомужъ
бываетъ столъ отъ новобрачной царицы, на бояръ же и на свадебной
чинъ, а называетца тотъ столъ княгининъ, и обѣдаютъ противо
прежнего жъ; а послѣ стола за овощами начнутъ царя и царицу
образами благословлять, царицынъ отецъ и мать, и еѣ сродичи, и
сидячіе бояре и боярыни, и дарятъ противъ того же, какъ и цар-
скіе чиновные люди; и ѣтчи и пивъ, потомужъ всѣ чины розъѣдутца
по домомъ.

17. А какъ то веселіе бываетъ, и на его царскомъ дворѣ и по
сѣнямъ играютъ въ трубки и въ суренки и бьютъ въ литавры; а
на дворѣхъ чрезъ всѣ ночи для свѣтлости зжгутъ дрова на устрое-
ныхъ мѣстехъ; а иныхъ игръ, и музикъ, и танцовъ, на царскомъ
веселіи не бываетъ никогда.

33. From Johann-Gottfried Gregorii's Comedy of Artaxerxes (Artakserksovo dĕjstvo; 1672)

Аманъ. — Гдѣ есть во вселенней   царство
    сице благочинно украше́нно,
    златы́ми вѣ́нцы возведе́нно!
    При семъ же ми зело и чюдно,
    чесо ра́ди са́мое небо васъ обоихъ
    не возведетъ к жили́щемъ своихъ   ;
    вселенная бо васъ не удостоя́етъ,
    но обоихъ васъ красоту измѣня́етъ,
    помрачаетъ бо то́чию ва́ше[4] видѣние;
    но жела́емъ в ва́ше упокоение,
    дабы в вы́шнихъ небесныхъ предѣлехъ
солнце оный Ѳебусъ в за́висть про́чимъ прия́лъ   ;
    тогда убо мно́жество боговъ ли́ки
    позна́ютъ, я́ко пред ва́ми не су́ть вели́ки.

    Кто вѣсть, аще и са́мый Юпи́теръ
    тебѣ возглаголетъ : ты еси́ царь,
    и тя на престолѣ своемъ восхощетъ посадити,
    Юна же, тя, о царице, на колеснице имать возводити.

Арта𝔰ер𝔰ъ. — Что колесни́ца, бо́зи, ку́ю честь!
    Азъ же вя́щше не жела́ю,
    якоже получа́етъ мое благоволе́ние,
    зане сердца моего́ услажде́ние
    паче ми солнца купно луны со звѣздами
    і всего́ моего́ царства и съ ва́ми!
    Та есть прекраснѣйшая моя Есѳи́рь,
    о нейже вес[ь] чаюся, па́че о побѣдахъ своихъ Киръ.

Есѳирь. — О велеможный мо́й царю́ любезный,
    желаю от всего сердца тебѣ бы́ти
    ко услуге твоей гото́вой пребы́ти,
    но молю : имѣ́й мя то́кмо рабо́ю.

Арта𝔰ер𝔰ъ. — Рцы жъ, моя, в чесо́мъ благоизво́лиши,
    за́не вско́ре все, все получи́ши;
    рьцы, царица, рцы жъ ми дерзновенно,
    азъ ти дамъ все, ели́ко имамъ, ей, неотмѣ́нно;

рцы же, все, еже воспроси́ши желая,
да́же до полцарствия дѣле́ние ти предлага́я   ,
со всѣмъ, яже в немъ ся имать обрета́ти,
от того лица своего не хощу́ отврати́ти,
испусти еди́нъ глаголъ!

Есѳирь. — О царю мой, царю милосердый!

Арта̂ерѯъ. — Глаголи, да услы́шу!

Есѳирь. — Не царство ми потре́бно зрится.
О чемъ ино́мъ имам тя молити,
егда́ ви́жу тя   во обсяда́ніи
и сердца царя моего́ получе́ніи?

Арта̂ерѯъ. — Аще си́це, свѣти́ло мое незахожде́нно,
мню, яко любовь мою́ твори́ши отриновенно;
чесо́ ра́ди ничто́же от мя не жела́еши?

Аманъ. — Егда азъ обѣтъ получи́хъ,
скоро нѣ́что бы от царя и спроси́хъ!

34. From *Life of the Archpriest Avvakum* (*Žitie protopopa Avvakuma*), Written by Himself (1672-1675)

При́идоша в село мое скоморохи с медвѣдьми   и з бубнами и з домрами: и я, грѣшникъ, по Христѣ ревнуя, изгналъ ихъ, и хари и бубны изломалъ единъ у многихъ на полѣ, и медвѣдей двухъ великихъ отнялъ,— одново ушибъ, и паки ожилъ, а другова отпустилъ в полѣ. И за сіе меня бояринъ Василей Петровичь Шереметевъ, плывучи в Казань на воеводство, взявъ перед себя в судно, и много стязався, велѣлъ сына своево Матфея, бритую бороду, благословити. И я не благословилъ бра||тобридца: такъ велѣлъ меня посадить в Волгу и, ругавъ много, отпустили, протолкавше. Помяни его Господи во царствіи Своемъ бѣдниньнкова! Опослѣ со мною прощался у царя на сѣняхъ, и дѣти ево,

Петръ и Матфей Шереметевы, прежде мору добры до меня   были.

Паки на первое возвратимся. Таже инъ начальникъ на мя разсвирѣпилъ: пріехалъ с людьми ко двору моему и стрелялъ из луковъ и ис пищалей с приступомъ. Азъ   в то время, запершися, молился с воплемъ ко Владыкѣ: «Господи, укроти ево и примири, ими же вѣси судбами»! И побѣжалъ от двора, гонимъ Святымъ Духомъ. Таже в нощь ту   прибѣжали от него и зовутъ меня к нему с великими слезами: «батюшко государь! Евфимей Степановичь при кончинѣ, и кричитъ неудобно, бьетъ себя и охаетъ, а самъ говоритъ: дайте мнѣ батка Аввакума! за него меня Богъ наказуетъ»! И я чаялъ, обманываютъ меня; ужасеся духъ мой во мнѣ. А се помолилъ Бога сице: «Ты, Господи, изведый мя из чрева матере моея и от ‖ небытія въ бытіе мя устроилъ! Аще меня и задушатъ, и Ты причти мя съ Филиппомъ, митрополитомъ московскимъ; аще зарѣжютъ, и Ты причти мя съ Захаріею пророкомъ; а буде в воду посадятъ, и Ты, яко Стефана пермскаго, и паки освободишъ мя»! И моляся, поехалъ в домъ к нему Евфимію, на волю Божію положася. Егда же привезоша мя на дворъ, выбѣжала жена ево Неонила и ухватила меня под руки, а сама говоритъ: «поди-тко, государь нашъ батюшко, поди-тко, нашъ кормилецъ»! И я сопротиво говорю: «чюдо!‟ давеча былъ блядинъ сынъ, а топерво: батюшко! Болшо у Христа остра шелепуга-та: скоро повинился мужъ твой!» Ввела меня в горницу. Вскочилъ с перины Евфимей, палъ пред ногама моима, вопитъ неизреченно: «прости, государь батюшко, согрѣшилъ пред Богомъ и пред тобою»! А самъ дрожитъ весь. И я ему сопротиво : «хощеши-ли впредь цѣлъ быти»? Онъ же, лежа, отвѣщалъ: «ей, честный отче»! и я рекъ: «востани! Богъ проститъ тя»! Онъ же, наказанъ гораздо, не могъ самъ востати. И я поднялъ, и положилъ ево на постелю, исповѣдалъ, и масломъ священнымъ помазалъ, и бысть здравъ. Такъ Христосъ изволилъ.

35. From Heinrich Wilhelm Ludolf's *Grammatica Russica* (Oxford, 1696)

Глава і̃. МЕЖДУ ХОСАИНА И СЛУГИ.	Сар. 4. INTER DOMINUM ET SERVUM.	Сар. 4. Zwischen dem Herrn und Knecht.
Кормилъ ты лошадь.	(1) Cibastine equum?	(1) Haſtu das pferd gefuttert?
Кормилъ, а еще не напоилъ.	Cibavi, sed nondum aquatum duxi.	Ja, aber ich habe es noch nicht getrancket.
Длачево ты не по ране всталъ?	(2) Quare non maturius surrexisti?	(2) Warumb biſtu nicht fruher auffgeſtanden?
Твое здоровіе знаетъ когда ты вчерасъ домои приѣхалъ.	Tua dominatio scit, quando heri domum veneris.	Der herr weiß wenn er geſtern zu hauß gekommen iſt.
Хотіл ты рано спатъ лежишъ однакожде некогда прежде седмого часа тебя вижу.	(3) Quanquam mature cubitum eas, tamen nunquam ante septimam horam te video.	(3) Wenn du gleich fruh ſchlaffen geheſt, ſo ſehe ich dich doch niemahl vor ſieben uhr.
Въ передъ ленивъ не буду.	Imposterum ignavus non ero.	Ins kunfftige will ich nicht faul ſeyn.
Длачево ты не топилъ печь.	(4) Quare fornacem non calefecisti?	(4) Warum haſtu nicht eingeheizet?

Нетѹ дровъ.	Deest lignum.	Es ist kein holz da.
Кѹпи воза съ два.	(1) Eme par vehium.	(1) Kauffe ein paar Fuder.
Насилѹ добѹдѹ, дорога такъ хѹда.	Vix adipiscar, via adeo mala.	Ich werde dessen schwerlich kriegen, der weg ist so bose.
Вычисти платіе моа и въпраги лошадь, надобе здвора ѣхатъ.	Expurga vestes meas et junge equum trahæ, foras mihi exeundum est.	Fege meine kleider aus, und spanne den schlitten an, ich muss aus fahren.
Гразно санми ѣхатъ не можешъ.	(2) Cœnosa est via, traha vehi non potes.	(2) Es ist kothigt der Herr kann mit den schlitten nicht fahren.
Такъ верхомъ ѣдѹ, ѡседлаи лошадь.	Ergo equitabo, impone ephippium equo.	So will ich reiten, sattle das pferd.
Лошадь не подкована.	(3) Equo soleæ ferreæ desunt.	(3) Das pferd ist nicht beschlagen.
Вѣли то часъ подковатъ, а не замешкаи.	Cura statim soleas ferreas induci, et noli morari.	So lass es geschwinde beschlagen, und saum dich nicht.
Поди сперва и спрашиваи домали докторъ.	(4) Abi antea et interroga, utrum doctor domi sit.	(4) Gehe erst hin und frage ob der Doktor zu hausse.
Я былъ ѹ нево, семьа ево скажетъ что не далеко и скоро дома бѹдетъ, бьетъ челомъ что бы ты изволилъ хлѣба кѹшитъ съ ними.	Fui apud ipsum, uxor ejus dicit, quod procul non absit, et mox domum redibit, rogat ut cum ipsis prandere velis.	Ich bin bey ihm gewesen, seine frau saget, er sey nicht weit und werde bald nach hausse kommen sie bittet, ihr wollet euch belieben lassen mit ihnen zu speisen.
Я посѹлилъ ѹже къ инномѹ. поди ныне и смотри естли портнои мастиръ здѣлалъ мою шѹбѹ.	(1) Jam tum alii promisi. abi jam et vide num sartor tunicam meam pelliceam fecerit.	(1) Ich habe schone einem andern zugesaget, gehe hin und siehe ob der schneider meinen pelz gemacht.
Шѹба не готова, много роботы емѹ на праздники.	(2) Tunica non parata est, multum operis ipsi est propter festa, ferias.	(2) Der pelz ist nicht vertig, er hat viel zu thun auff die feyertage.

36. From *Story of Frol Skobeev* (*Povĕst' o Frolĕ Skobeevĕ*; late seventeenth century, copy of eighteenth century)

Икак услышал Ѳрол скобеев, незнает, что иделат(ь) икак кого обмануть, для того что его изнатных дворян все знают, что он дворянин небогатоі, — толко великая ябеда іходатайствоват(ь) заприказнымі делами. Ипришло впамять)Ѳролу Скобееву, что весма ему добръ столник ловчиковъ; ипошел ктому столнику; икакъ пришел Ѳролъ скобеевъ кловчикову, иловчиков имѣл сним разговор многъ; ипотом Ѳрол скобеевъ стал просит(ь) ловчикова, чтоб пожаловал ему корету исвозниками ехат(ь) для смотрения невесты. Иловчиков дал ему поево прозбе корету икучера; иѲрол скобеевъ поехал иприехал ксебе наквартиру, итого кучера споил весма пьяна, ісамъ убрался влакеиское платье исел накозлы ипоехал кстолнику нардину нащекину поаннушку. Иусмотрила мамка аннушкина, что приехал Ѳролъ скобеев, сказала аннушке подвидом другимъ: того дому служителеі, якобы прислала тетка понѣе изманастыря. Ита аннушка убралас(ь) исела вкорету ипоехала наквартиру Ѳрола Скобеева. Итот кучеръ ловчиков пробудился; нусмотрел Ѳрол, что кучер невтаком силном пьянстве, инапоил ево весма дошьяна иположил ево вкорету, асам сел вкозлы ипоехал кловчикову надворъ; иприехал кодвору, иотворил ворота, ипустилъ возников надворъ искоретою, асам пошел насвою квартиру. Иныьши надвор люди ловчикова ивидят, что стоят возники искоретою, акучеръ лежит вкорете жестоко пьян, спит, акто их привезъ надвор, никто невѣдает. Иловчиков вѣлел корету ивозников убрат(ь) исказал: «еще то хорошо, что ивсего неуходилъ! НаѲроле скобееве взят(ь) нечево!» И наутрие стал ловчиков кучера спрашиват(ь), где он был соѲролом скобеевым, икучер сказал, что «толко помню, как был наквартире, акуды он ездил ичто делал того незнаю!»

Потом столник нардин нащекин приехал изгостеі іспросил дочери своеі аннушки; ита мамка сказала, что «поприказу вашему отпущена ксестрице вашей вмонастырь, для того, что она признала корету повозников!» Ннардин нащекин сказалъ: «изрядно!»

Истолникъ нордин нащекин долгое время не был усестры своей идумает, что дочь аннушка усестры ево вмонастыре.

АѲрол скобеевъ нааннушкѣ уже иженился. Потом столникъ нар-
дин нащекинъ поехал ксестре своеи вмонастыр(ь) исидел немалое
время, адочери своеи невидит, ивопросил сестры своей: «сестра, что
я невижу аннушки?» Исестра ему отвѣтствовала: «полна, братецъ,
iздеват(ь)ся!»

37. Letters from Peter I to F. M. Apraksin (1694) and I. I. Vinius (1697)

Min Her Guverneur Archangel.

Понеже единымъ нынѣшнимъ писмомъ, сентября 3 дня
писаннымъ, насъ увѣдомить изволилъ, въ которомъ о бещин-
ствѣ Галанскихъ капитановъ объявляете, что они въ устьѣ
Двинскомъ взяли два карабля, и объ томъ требусте рѣшенія:
какъ съ ними поступать? И объ томъ соотвѣтствую, что никако
попусти сему быть, понеже сіе дѣло зѣло срамно есть, и нигдѣ
въ пристанищахъ пріѣзжіе такой воли не имѣютъ; а хотя и
непріятелей увидятъ, и ихъ стерегутъ на морѣ, а не въ устьѣ.
И о томъ, что учинишь, изволь увѣдомить.

Piter.

А еще прошу о секѣ, ренскомъ и лимонахъ, чтобъ, въ
ярмонку купя, прислать къ Москвѣ.

Хотя примѣромъ отписалъ про квасъ, однакожъ догадался
про пиво; а иному хотя не пиво, инъ табакъ, однакожъ вся
компанія отъ Бахуса не оскорблена.

А о пашпортахъ писалъ ты, а въ которую землю того нѣтъ;
только я послалъ одинъ въ Галанскую, а другой во Францу-
скую землю, и куды лутче отпускай; а мнѣ кажется, что лутче
во Францію, какъ я говорилъ, естьли страха и безчестія не
чаешь. Также изъ иноземцовъ естьли мочно на немъ послать,
которой бы на Москвѣ родился.

Min Her Vinivs.

Сего месеца 3 дня приехали мы сюды на Галанскомъ гольо-
те, слава Богу, счаслива; а послы пришъли передъ устья на
Брандебурскомъ корабле 6 д. і стаяли по 8 д. за великимъ
противънымъ вѣтромъ; а сегодни поедемъ отсель прямо въ
Голанскую землю [а къ цесарю затѣмъ не пошьли, что ужъ на
три года здѣлана, і теперь дѣлать нечево; а чаемъ оной путь,
назатъ едучи, восприять і въпреть союзъ продолжить]. Въ
Пилоу жили за елекъциею Польскою, гъдѣ сколко возможъно
дѣлали. Въ Полше нынѣ два короля, толко совершено чаемъ
Сакъсонскому быть [хотя і дома на него учинилось за вѣру
противъность, аднако, для восприятия котоличества, цесарь і
папа ево не покинутъ], і уже пришолъ давъно въ 2000 на гра-
ницу, і чаемъ ныне в Кракове для коронования. А объ де-
Контье болше не слышать, да і въ елекцію болшей стаялшикъ
былъ примасъ, которого за то чють не убили; а посполитой
наротъ і слышать не хотелъ. Дай Богъ, чтобъ такъ соверши-
лось, потому что сей курѳирстъ і нареченъны(й) кароль нашей,
а не Ѳъранъцуской стороны. Ізъ Кюнинбергъ приговорилъ я і
послалъ бумъбордира; і о железныхъ мастерахъ радѣемъ, сколко
мощъно.

Пожалуй, всемъ отдай покълонение; а за скоростию ко ѳъсемъ
пи(с)ать не успѣлъ, да і для того, что въчерась были у каменъ-
данта.

Piter.

Ізъ Колберха, въ 11 д. іюля.

38. Decree to Androševič Family (1484) and Privilege to Bohdan Tolkačevič (1494)

¶ Декретъ Олехновымъ дочкамъ Андрошевича з дяд[ь]комъ ихъ Сенкомъ Ондрошевичомъ о имен[ь]я и статки дяд[ь]ка ихъ, небожчика Товътка Андрошевича жъ.

Самъ Казимиръ, Бож[ъю] м[и]л[о]ст[ь]ю.

Смотрели есмо съ паны радою нашою. Искали Олехновы дочьки Анъдрошевича, Альжъбета а Олехна, на дядьку своемъ, на Сеньку Онъдрошевичу, именей и челяди, и статьковъ небожъчика дядька своего Товътьковыхъ Анъдрошевича. И Сенько положилъ передъ нами теста-ментъ брата своего Товътковъ, ижъ ему отписалъ въ тастаменъте третюю часть именья своего, а тые две доли именья и челяди и статьковъ своихъ отъписалъ ему жъ, а съ того ему жъ велелъ долъги свои поплатить и душу свою поминать. И, досмотревшы, есмо о томъ вчинили подле права земъского, какъ уставено: што записалъ Сеньку братъ его Товтько третюю часть именья своего и челяди, и статьковъ, то онъ маеть держать подле права, а тые две дольницы именья и челяди [и] статьковъ присудили есмо Сеньку и з братанъ-нами его, зъ Альжбетою и з Оленою, на полы поделити; а братанъны его мають ему третюю долю тыхъ долъговъ заплатити, што онъ платилъ за своего брата, а за ихъ дядька, за Товътъка, подлугъ тестаменъта, какъ въ таста-менъте долгъ выписанъ. А на твердость того и печать нашу казали есмо при-ложить къ сему нашому листу. Пи-санъ въ Троцехъ, въ лет[о] 6993,

Привилей Богдану Толкаче-вичу на имен[ь]е на Узде въ Менскомъ повете.

Самъ Александръ Бож[ъ]ю милостью.

Билъ намъ чоломъ дворанинъ нашъ Богданъ Васковичъ Толкачевича и по-ведилъ передъ нами, штожъ продокъ отца его Ѳедко Глѣбовичъ выслужылъ былъ именье, на имя дворецъ у Мѣн-скомъ повѣте на Вздѣ, ǁ на великомъ князи Жыкгимонте и записалъ тое именье по своемъ жывоте женѣ своей Ульяне, матце его, съ призволеньемъ отца на-шого, короля его милости; ино после того, какъ тотъ Ѳедко умеръ, а матка его шла за отца его Васка Толкачевича, искали подъ нею того именья пасынки ее, Харитонъ а Степанъ, передъ отцемъ же нашымъ, и его милость, подлугъ своего первого листу дозволенного, матце его тое именье присудилъ, а тымъ ее пасынкомъ не велѣлъ въ то вжо вступа-тися; и вказалъ передъ нами обои тыи листы отца нашого, призволенный и судовый, што его милость призволилъ предку отца его Ѳедку тое именье за-писати жоне своей, матце его, и билъ намъ чоломъ, абыхмо тое именье, дво-рецъ на Вздѣ, потвердили ему нашымъ листомъ. И мы ему то потвержаемъ симъ нашымъ листомъ, подлугъ листовъ отца нашого, короля его милости: нехай онъ тое именье держыть со всимъ по тому, какъ и продокъ отца его и матка его держала; а тымъ пасынкомъ матки его, Харитону а Степану, въ то вжо не надобе вступатися. П[и]санъ у Вилни. май 9 день, индик[тъ] 12.

Правилъ во[евода] Тр[оцкій], м[а]р-[шалокъ] з[е]м[скій], панъ П[е]т[ръ] Ян[овичъ]. Янушко писарь.

* * *

39. From *Al-Kitab* (sixteenth century)

115 b (1) pri mńe prarok paxvalnaść śveata (!), toj, što, iḿe
ṗišuči, złamali kelem ‹. (2) ʿAdżin ʿenħeł prišoŭ, varota ʿadčińiŭ,
śemdżeśat tis'ečej ʿenħełej ż ńim visipaliśe; (3) pozdroveńe taбe
moveči, kriknūli. Kožnij ż ńix pa ʿadnom pałūḿisku śvetłaśći pa-
sipali. (4) Skora z varot ʿu śeredżinu ʿuvašoŭ, roznije, roznije ʿenħeli,
ej ɩevarišu, (5) tam vidżeŭ. ʿAdżin ʿenħeł śedżić, śemkrot po sto
tis'ečej ʿenħełoŭ ṗered jim stajać, (6) śemkrot po sto tis'ečej pa
prave stajać, śemkrot po sto tis'ečej pa levej starańe stajać; (7) če-
tirista rozniḿi iḿonaḿi ʿuspaḿinajuć Panaboha, łasku ūčińe ūśim,
Ti večistij Bože. (8) Tije ʿenħeli na z'emlu istūṗeć, ʿu ʿadamśkix
dżećej hreẋi беrūć, (9) klikać jeho būduć k temū ʿenħelu, da sūdnahu
dńa jeho jon sxavajecca.

116 a (1) Na z'emli, što roznije reči jest, ūs'ix tix lidżbu jon vedaje.
(2) Pašoŭ ʿadtūl, hūlaŭ pa vežax, razhledaŭ ūśe zvezdi, (3) kažnaje
tak safaḿi , safaḿi zavešana, kažnaje za śehośvetnūju haru bol-
šaje. (4) Tam-že vidżeŭ adżin ʿenħeł velḿi dżiŭnij, z moci svajej
stvariŭ jeho Panboh: (5) pałavica iz s'ńehū, pałavica iz ʿahńū,
roznije ɩes'бixi z jezikoŭ idūć. (6) S'ńeh ʿahńū pomoči ńezahaśić,
ańi ʿahoń s'ńeha ńerastoṗić, (7) ʿabadva tak ʿu stajańu jest. Viž Božuju
moc, što jest. (8) I movi, ej ɩevarišu: ›ʿUčińūščij śńeh ʿahńu, łasku
ūčińi nad ummełem Muxemmeda!‹ (9) ›Ṗej sełevać spaśeńju praroc-
kemu!‹ — ɩes'бix to jest taho ʿenħeła.

116 b (1) Pašoŭ ʿadɩūl na drūhoje ńebo. Jak słove (!) mović,
mńe śe zdało tak. (2) Iz żelaza stvoriŭ ńebu drūhoje Panboh, što
urobić, būdże hatova. (3) Na'ūre drūhomu ńebū iḿe. Ṗej sełevać,
prarok tak movił. (4) Na drūhom ńeбe ʿenħełoŭ mnoha, ńemahū
mović, bo lidżbi ńet. (5) Kali čełevek kurban reže, tahdi jeni na
końi ušśedajuć, każdij na hałavu karonu ʿuzłožić, (6) ʿu rūkax dżer-
żaći bułavi, ʿa jezikaḿi ṗećimūć ɩes'бix. (7) Xto-bi mus'ulmanśkūju
verū zdavaŭ, jeni, pašoŭši, ʿūs'ix ʿu ńiveč ʿaбernuć. (8) Skora ʿaba-
čiŭ, s'elam jim daŭ; jeni, prińaŭši, tvari svaje na z'emlu pałaži(li).
(9) Pašoŭ ʿadtūl na trećaje ńeba. Zastaviŭ kańa na oku mhńeńju,
prinūči ḿeńe Panboh praŭdże.

40. From the Lithuanian Chronicle According to the Račinskij Copy (ca. 1580)

Ѡ кнзи Витовте ꙗк король Польскии Ꙗкгеило.·. прыслалъ до него просечы его.·.

Такеж кнзю Витовту будучы в Нѣмцох в мистра в Марыиномъ городку, прыслал к нему корол Полскии Ꙗкгеило, ребучы брате милыи большъ того не кази земли Литовское и не пустоши ѿчызны свое и нашое а поиди к нам ꙋ едначе и ꙋ великую братскую прыꙗзнь, возми собѣ великое кнеженє Вилню и сѧдь на столцы дадка своего великоꙋ кнза Ѡлкгирда и великоꙋ кнза Кестута ѿца своего.·. И кнзь великии Витовт слышавшы тое и вчынит собѣ раду с кнзьми своими и пны Литовскими с кнзем Юрем Нарымунтовичом Бѣльским. и с кнзем Иваном Ѡлькгимонтовичом, и с тыми сѧ порадил и поидеть ꙋ Литву и сѧдет на великом

258 кнежени Литовъском ꙋ Вилни, и были ‖ рады всѧ землѧ Литовскаꙗ и Рускаꙗ, а кнзь Корыбут Ѡлькгирдович Новгородскии почнет на то радити и в непослушенстве быти ꙋ кнза великоꙋ Витовта, и почнет воиско свое збирати, и ступилисѧ воиска на мѣсте на Довкудове, и сталасѧ им битва и побежыт воиско Корыбутово и побито их много и сам Корыбут ꙋбежыть ꙋ Новгородок Сѣверскии и ту была кнгинѧ и дѣти его, и кнзь великии Витовтъ собравшы воиско и ѡступит Новгородокъ и взали его, а кнза Корыбута и кнгню и дѣти его в нꙗтство взали а потом кнгина Ѡлкгирдоваꙗ ꙋмерла. и корол Польскии прыслалъ Витебъска держати сокольничого своего Ѳедора Весну. а кнзь Швитрыгаило тогды еще молод, и будет Ѳедоръ Весна держати Витебскъ с прыказанꙗ корола Ꙗкгеила,

И Швитрыгаило не могъ терпѣти што Ѳедор Весна держыт Витебскъ не зъ его послушенства, и кнѕь Швитрыгаило город Витебскъ засѣлъ, и Ѳедора Весну Ꙋбилъ,

Тогды было королю Ꙗгеилу ѡ том жалост великаꙗ, и писал до брата своего Витоѳта, ижбы ѡн тое помстил, и кнѕь Витовтъ Ꙋзал зъ собою Скиргаила и собрал воиско великое Литоѳское и поидет къ городу къ Витебскꙋ на кнѕа Швитрыгаила, и напервеи Витоѳт пошол ко Друцку, и Друцкие кнѕи стрѣтили Витоѳта з великою честю, и вдарыли ему чолом и почали служыти, а ѿтоле кнаѕ великии Витоѳт прыидеть къ Ѡршы, Ѡръшане Ꙋ городе затворылисꙗ два дни, а потом город Ꙋзали, и ѿтоле Витовтъ прыступилъ къ городу Витебску, и кнѕь Швинтрыгаило Ꙋ городе затворылсꙗ и почал Витовтъ города Витебска добывати, и тут же прышол къ Витоѳту Светослави‍ч Смоленскии, и вдарыть чоломъ кнѕю Витоѳту , и почали твердо добывати, города и Витбляне не могли терпѣти и далисꙗ Витоѳту, и кнѕь Швитрыгаило выидет вон з города и вдарыт чолом кназю великому Витоѳту, и кнѕь Витовтъ вземшы город Витебъскъ и ѡсадить а сам поидеть до Вилни.∴.

41. From *Story of the Renowned Knight Tristan (Povĕst' o slavnom rycery Tryščane;* sixteenth century)

Идучи ѡни по мору, коли был третии день, Трыщан зъ Ижотою играл в шахы; была на Трыщане злотоглавоваа жупица и шата, а на Ижоте зеленого ѡксамиту саꙗнъ, а было то лѣте и былъ великии знои. Рек Трыщан: Треба сꙗ намъ напити. И Говорнар шол и принесъ кубокъ з оное флашы милостного питꙗ, забывшы сꙗ, бо в коморе было много всꙗких судов, и далъ Трыщану, а другии далъ Ижоте. И скоро сꙗ напили того пива, и еще не допившы кубъков впали межы собою у великую милость, аж и

до жывота своего ѡдин другого не ѡставил. И почали гле-
дѣти ѡдин на другого и не мыслили ни ѡ ком, толко ѡ собе.
И сѣли ꙗко-бы злакшы сѧ, Трыщан мыслил до Ижоты, а Ижота
до него, а корола Марка запаметали. Трыщан рек: Дивую сѧ,
ѡткуль ми прышло то так прудко, а первеи ми того не было?
И мыслил ѡдин к другому, и мовили сами собѣ: Мысль
наша есть невѣрна; але пиво их перемогло. Рек Трыщан: Если
ꙗ милую Ижоту, то не дивно: ѡна ест намильшаꙗ реч на
свете, лѣпшое бых не мог наити, а ꙗ есми ее вывел и мнѣ ест
дана, а милость наша скрыта може быти. А Ижота мыслила:
Если ꙗ милую Трыщана, то ест не дивно: ѡн есть моꙗ ровнѧ
и так высокого роду ꙗк и ꙗ, и витеза большого на свѣте нѣт.
И тую мысль ѡбачыли иж ѡба сѧ милуют со всего серца; Ижота
сѧ ѡ том веселила и рекла: Коли мѧ милуеть наибольшыи витезь,
чому мнѣ большого добра? А Трыщан рек: Ꙗ мам великую
фортуну на свѣте, иж мѧ нацуднеишаꙗ панъна милуеть, (стр. 69)
а ꙗ еи того не заслужыл. Коли Говорнар успоменул, што им
дал любовное пиво, ѡн сѧ злак и стал ꙗк забывъшы сѧ и
почал собѣ смерти жедати, иж Трыщан милует Ижоту, а
Ижота его. И рек Брагини: Мы есмо винни, што дали пить оноє
пиво не знаючы. Рекла Брагина: Мы есмо злую дорогу нашли и
погинули, а Трыщана и Ижоту погубили есмо. Ѡн указал флашу,
в которои было пиво, и рек: Знаеш-ли, што ест тое? Ѡна
рекла: То ест пиво милостное. Ѡн рек: Зле єсмо поручоное
нам ѡстрегли, того єсмо дали напити сѧ Трыщану и Ижоте,
што-ж сѧ милуют.

42. From a Speech by Ivan Meleška (ca. 1650, copy of 1663)

И то на свете   дурнина — годиннки —
Мне притрафилосе
на тандете
в Киеве купити
дали есмо за его,   три копы грошей
а як есмо   послали да Вильни на направу,
ажно   на пятую копу крутить   злодей
                                     заморщик

Добри то наш годинник—петух,
што нехыбне о полночи кукаракуеть
И то вельми страшная шкода—
гологудые кури ховати,
их достатком варити
и иные пташки смажити,
торты тые цинамоном, микдалами цукровати.
А за моей памяти
прысмаков тых   не бывало.
Добрая была
гуска з грибками
качка   з перчиком
печонка з цыбулею   или чосныком
а, коли на перепышные достатки,—
каша рыжовая зъ шафраном.
Вина венгерского не зажывали.
Перед тым малмазыю скромно пивали,
медок и гарилочку дюбали
але гроши   подостатком мевали,
мури *сильные* муровали
и войну славную, крепко и лучшей   держали,
как тепер.
И то не доречи:
в богатых сукнях пани ходять
Не знали перед тым
тых портукгали или фортугали
а подолок рухает ся
а коло подолка чепляет ся
а дворанин в ножку,
как сокол, загледаеть,
штобы где щупнути
солодкого мяса.
Яж   радил бы:
нехай бы беложонки наше
в запинаные давные
уберали се козакины,
шнурованые на заде, носили розъпорки
а, к тому, штобы з немецка заживали плюдрики:
не так бы скоро любителну скрадывали бредню,
А тепер, хотя з рогатиною на варте стой,
в живые очи такого беса не упильнуеш.
Далей о чим радити   не знаю,
то   вашей милости припоминаю,
штобы завсегда сколко   сенаторов
и панов Литовских
при королю, его милости,   было, —
был бы и я,
только королевщины   не маю,
бо перед другими не схопил.

43. From the Galician-Volhynian Chronicle (copy of fifteenth century)

По
отъѣздѣ же Кондратовѣ из Любомля, пригна Яр҃такъ Ляхъ
из Люблина, и повѣдаша Володимерови: «Яр҃такъ приѣхалъ»;
и не вѣлѣ ему передъ ся, но рече княгини своей: «иди ( )
роспроси его, с чимь приѣхалъ»? Княгини же посла   по
нь, он(ъ) же приде вборзѣ, и нача вопрашати его: «князь ти
молвить, с чимь есь приѣхалъ, повѣжь». Онъ же нача по-
вѣдити: «князь Льстко мертвъ», — Володимиръ же сжаливъси
и росплакася по немь, — «а прислали мя Люблинци   , хо-
тять князя Кондрата княжить во Краковъ; а наборзѣ   хочю
наити Кондрата, кдѣ будеть». Княгини же вшедши повѣдѣ
рѣчь Яр҃такову. Володимѣръ же велѣ дати подо нь   конь:
его бо конѣ пристали бѣхуть. И погна вборзѣ и наиде и
Володимѣрѣ, и нача молвити Кондратови: «князь Лестько
мертвъ; а прислали мя Люблиньци, поедь княжить к намъ до
Кракова». Кондратъ же возвеселися сердцемь и возрадовася
душею о княженьи Краковоскомъ   , и поѣха вборзѣ, и
приѣха во Любомль: хотяшеть бо посѣдѣти со братомъ о
томъ, абы ему како погадалъ. Володимѣръ же не вѣлѣ ему
к собѣ прити, но рече княгинѣ своей: «иди же, повѣсти с
нимь, та отряди и, ать поѣдеть прочь; а у мене сму нѣчто
дѣяти». Княгинѣ же вшедше повѣда рѣчь Кодратову: «братъ
ти, господине, молвить: пошли со мною своего Дуная; ать
ми честьно». И поѣха вборзѣ к Люблину. Приехавшу же
сму к Люблину, и запроша Ляховѣ городъ, а Кондрата не
пустиша к собѣ. И ста Кондратъ на горѣ у мниховъ и посла
к горожаномъ, тако река: «на что мя есте привели, да нынѣ
городъ есть передо мною затворилѣ». Горожани же рекоша:
«мы тебе не привели и ни слалѣ по тя, но голова намъ Кра-
ковъ, тамо же и воеводы наши и бояри велиции; оже имешь
княжити во Краковѣ, то ть мы готовѣ твоі». Посем(ъ) же
повѣдаша Кондратови: «рать идеть к городу»,—творяхуть бо

рать Литовьскую, и пополошишася, и выбѣже· Кондратъ во
столпъ ко мнихомъ, с бояры своими и слугами, и Дунай
Володимировъ с нимь; рати же пришедши к городу, познаша,
оже Руская рать. Кондратъ же воспроси ратьныхъ: «кто
есть воевода в сей рати»? они же повѣдаша: «князь Юрьи
Лвовичь»: хотяшеть бо собѣ Люблина и землѣ Люблиньской.
И приѣха Юрьи к городу, горожани же не подаша ему го-
рода и пристра(и)вахуться крѣпко на бой; Юрьи же позна
лесть ихъ. Онѣм(ъ) же молвящимъ: «княже! лихо ѣздишь,
рать с тобою мала; приѣдуть Ляховѣ мнозии, соромъ ти бу-
деть великъ». Юрьи же, слышавъ си слова отъ нихъ, роспу-
сти дружину свою воевать, и взяша полона много, а жита
пожгоша и села, и не остася ни в лѣсѣхъ, но все пожь-
жено бысть ратными, и тако возвратися восвояси со множе-
ствомъ полона, челяди и скота и коний; а Кондратъ поѣха
восвояси, вземь собѣ соромъ великъ: лѣпши бы не живъ
былъ. Посем(ъ) же мятежь бысть великъ въ землѣ Лядьской.

44. Deed of Peter Radceovskyj (Przemyśl, 1359)

✝ Къ лѣто шести тисащноѥ шистьдесатъ семоѥ. купилъ панъ петрашь
дѣднитко к анѣны (1) радиконьковоѥ дѣдину ѥѥ и вотнину што по
июн ѿ дал. ана продала петра(2)шкови радцѥ́вьскому свою дѣдину
и вотнину оу вѣки и дѣтемъ ѥго. полъ става (3) и со млиномъ и съ
корчумою и землею и съ ꙁ дворищи и со всѣмъ што коли ѿ ѥ́
при( )ислушало. а в то не надобѣ оуступатиса ни оунукумъ ѥѥ. ни пле-
мену ѥѥ. а купилъ (5) панъ петрашь ꙁа сорокъ гривенъ. А на то послуси
панъ староста рускоѥ ꙁемли ѿ пилѥ(6)цкии. воѥвода итиборъ писарь бшко-
ко. а се ꙁемлане панъ ходько быбельскии. кадол(7)фоѥнуь друꙁдъ. иван-
ко полъпринунь. богданъ тивунъ. щепанъ волошнинъ риботн(8)цкии. олѥ-
фѣрько судьа. панъ воитъ перемышльскии. клитуръ иꙁ угоръ гость.
плꙗ(9)нъ гутартъ. кость соковнуь. глиь кераховнуь. А пиⷮ могорнуь оу
быбницкого (10) оу дому ꙁа копу грошии. а писалъ грамоту писарь пана
старостынъ дьꙗкъ из (11) болестрашинь именемь дьꙗуковнуь. а при томь
былъ попо печерескии пе(12)тръ. а корчумиⷮ олехновнуь семенъ оу вѣки
вѣкомъ Аминь ·ı·+(13)

45. Charter of Sons of Vojevoda Balica (Máramorossziget, 1404)

† Се азь   пань Радуль, вицашпань Марамурешскым,
и жупань Банко, и Тодѣрь, и Шандрь, немиши *от* *Сар*ва-
сова , Иванчук, Драгомирь и брать его Дань, и Леока Бел-
кович, и Косте Драгушевич, и Косте Поповь, и Нань *от*
Сѫпжнкы, даемо вѣдомо симъ *нашим* листомь въсѣкому, кто
посмотрить на сесь лист, аже Балица воевода и Драгь ме-
щерь съзидаше церковь въ име *святаго* архаггела Михаила
на земли Тересовскои и прѣ*д* нами дадоше *от* своего урика
три села манастирю и единь   млинъ. Едно село Тересь, а
друго Кривчичь, а третіе Крушево, и млинъ, що е̅ на земли
Длъгополскои на Сопункы, где падаеть Сѫпънца у Тису, да
служе*т* манастиру *святаго* архаггела Михаила. А по ихъ
съмерти и Думитру воевода, и брать его Але(кса) ндрь ме-
щерь дадоше прѣ*д* нами всѣми тия   села *святому*
архаггелу Михаилу *от* своего урика: село Тарась, и село
Кривчичь, и село Крушево, и млинь , що е̅ на земли Длъго-
полскои на Сопонкы, кде падае*т* Сѫпжнца у Тису. А тия
села дадоше прѣ*д* нами и на наше вѣ*дан*іе и с полемь, и съ
лѣсомь, и съ водою, и съ въсѣмь прижитком да будуть ма-
настиру.

Писано под нашими печатами на столномъ мѣстѣ у Си-
гѣту въ лѣто ҁ и ц̅ и в̅і м̅сяца мая въ а̅ день.

46. Charter of Grand Prince Svidrigajlo (Ostrog, 1437)

Млтью бжнею. мы великии кн̅зь швнтрнгаилъ. литовскии. рускии.
н ины̅· унии ҙнаменнто. сн наши̅ листо̅ каждому доброму. нінешнии. н
посюто будущи̅. хто на нь возрить. нли утучи его оуслышнть. кому ж
то колн его будеть потребнҙна. ижь кидѣк. н ҙнаменак̅. на̅ службу вѣр-
нꙋю. а ннгды (?) не шпущенꙋю нашего вѣрного слꙋгн. пана грнгорьꙗ
стреченокнꙋл. н мы порадикше с нашими кн̅ҙн. н с паны̅. нс нашею вѣр-
ною радою. далн есмо (?) ему. н ҙаписали. ҙа его вѣрную слꙋжбу. се-
ла оу летнческо̅ повѣте. на имꙗ великовщн. а слободка. со всѣ што к
ты̅ село. нҙ вѣка нҙдавна слꙋ(4)шало. н тагло. вѣчно н непорушно. со
ксимн вхолы. н прнходы. н съ прнселки. н съ селнщи. н с ннвамн. н
с нашнамн. н с лесы̅. н ҙ дꙋбровамн. н ҙ бор̅(5)тнымн ҙемламн. н с
гаи. н с пасекамн. н с ловы н ҙ бобровымн гонн. н съ ҙереманы н с

рєкꙗми и с ѡ҃єры. и с крининцꙗми. и с потоки. и стꙗвы. (6) и стꙗвищи.
и со млины. и с мыты. и с болоты. и такъ што къ тꙋ имєньѣхъ совѣ
примꙑслꙗть. на новѡ корєни посꙗдить. и со ксѣми (7) плꙗты што к тꙋ
имєньѣ слꙋшꙗєть. и слꙋшꙗло. и такъ с лꙋги. и ꙁ дꙋвровꙗми. и сѣножꙗт-
ми. и со ксѣми пожитки. можєть совѣ полѣпшивꙗти. (8) и росширивꙗти.
ѡсꙗдити и примножити а даѡ̑ томꙋ прѣрєчєномꙋ панꙋ гринкꙋ стрєчєно-
вичꙋ. кса такъ· кєрхꙋ имєнокꙗнꙗй мѣста. оꙋ трєхъ сѡ̑ (9) копꙋ широкꙋ
грошєй. ꙗ по нѣ· ино єго дѣтємъ. и єго внꙋчꙗтѡ. и єго клижий. а пꙗк
ли вꙑ хотѣ хто по нꙗнѡ гринкѡ. стрєчєновичꙋ тꙑхъ имѣнєи до(10)вывꙗти
или по єго дѣтми. или по єго внꙋчꙗты. и по єго сꙋєтки. и по єго
клижиими кꙋꙗти. тогды пєркѣ· ниꙗєть дꙗти тристꙗ кѡ̑, (11) широкꙑй
грошєи панꙋ гринкꙋ. ꙗ люко єго дѣтѣ. а люко внꙋчꙗтѡ. и клижий єго
тѡ ниꙗєть тѡє. имѣньѣ под ними кꙋꙗти. ꙗ пꙗ̑. григорєн (12) стрєчєновѣй.
ниꙗєть. слꙋжити с того имѣньꙗ. копьѣ· игдє кꙋдєть нꙗ потрєбнѡ. а при
тѡ выли скєдоки нꙗшꙗ рꙗдꙗ. вꙗка лꙋцки(13)и ѳєѡсий. а пꙗ̑ монивєи старо-
ста подольскꙑн. и крємєнєцкни. а кнꙗꙁь васнлєи ꙗндрѣєкий. маршꙗлокъ
нꙗшь. а кнꙗꙁь ꙗндрѣи вꙗснлы(14)євнчъ. маршꙗлѡ нꙗшь. а пꙗ̑ ѡкꙋшко тол-
кꙗчєки. а нꙗ потвєржєньѣ того нꙗшєго жꙗлокꙗньꙗ. про лѣпшꙋю пꙗмꙗть
и твєрдоⁱⁱость. и пєчꙗть нꙗшꙋ кєлꙗни ѥсмо принѣсити к сємꙋ нꙗшємꙋ
листꙋ. ꙗ псꙗ̑. в острозѣ пѡ лѣтꙑ. рꙗ̅ѯ̅ꙗ̅. ѥ̅сꙗ̅. х̅вꙗ̅. ꙏꙗ лѣтъ. и (16) г̅. ꙗй
лѣто. мꙗ̑ сєнтꙗврнꙗ. ѕ̅ дньⁱ. инднтꙗ ꙗ̅ (17) ꙗ пꙗнꙗ самꙗшкꙗ̑ (18) прикꙗꙁъ
(19) писꙗⁱ многогрѣшнꙑи смꙗсꙗрь. вєли(20)кого кнꙗ̑ꙁꙗ писꙗрь (21).

47. From Letter of Mahmet Shihzoda, Sultan of Kafa, to Grand Prince Ivan Vasil'evič (1502)

И тижъ що твоя милость писалъ
до насъ о Гердешамлина, щожъ бы Озовскіе татарове у нихъ пограбили на
водѣ рухляды ихъ казаки; ино не были казаки Озовскіе, але были казаки Гачи-
тарханскіи и Хара черкесъ, тыи у нихъ побрали. Ино нашъ уредникъ выихалъ
и съ людми изъ Озова и рекли тымъ казакомъ: чомъ вы берете гости, которыи
идутъ у нашу землю торговати? И они ся побили съ нашими, и убили мо-
его урядника и шестьдесятъ турковъ побили, и пошли прочь. Ино зъ Озова
выихали смотрити на тотъ побой, гдѣ ся били, кого будутъ убили и кото-
рый будетъ живъ. Ино нашли тамъ на побои 72 юфти. Ино тамъ былъ
слуга отца моего солтана Баязита, ино то ты кожи онъ узялъ повіозъ былъ

до Царяграда. И я есми писалъ до солтана Баязита, отца моего, щожъ ты гости
побраны на водѣ. Ино солтанъ Баязитъ, отецъ мой, отписалъ до мене, щожъ
тотъ слуга, который былъ побралъ тыи юфти на побои, онъ ихалъ кораблемъ
до мене и съ иншими речми со многими своими; ино тотъ корабль не доихалъ,
але загибъ на мори. И тижъ твоя милость писалъ до меня о свои люди, щожъ
бы имъ тутъ у нашей земли которая сила была, али бо бы отъ нихъ которыи
отъ умерщчины отнимали; ино у нашей земли силы жадной нитъ; коли кото-
рыи дѣла суть, тутъ у насъ усе у книгахъ записуютъ, будь ли хотя и за-
умерщину пишется, ино есмо не нашли, щобы была кривда кому; але намъ
ся видитъ такъ, щожъ то есть далекая земля, а межи нами послы не из-
дили; и которые купци твоей милости тамъ товаръ берутъ, либо у твоей
милости, а либо у которого человѣка доброво возмутъ, и они собѣ корыс-
стятъ, да тамъ пришодши улгутъ, щожъ бы у нашей земли рухлядь чіи
осталъ, а они соби корысть чинятъ. Ино какъ и пріихалъ до Кафы, не ко-
тораго гостя твоей милости жадного рухляда не остало у Кафѣ; и тижъ пе-
режъ того, коли Михайло не пріихалъ, есми рухляды у сихъ поворочалъ. И
тижъ твоя милость писалъ до насъ о Алагіоза, щобы твой писарь далъ ему
девять сотъ денегъ: ино мы есмо пытали Алагіоза, ино у Алагіоза жадной
денги его нѣтъ, але толко далъ царь Мегли - Герей за тую дѣтину одину
камку бурьскую лекарю, а Алагіозъ тую дѣтину годовалъ годъ и одѣвалъ.
Писано у Кафѣ, мѣсеца апрѣля 12 день.

48. Charter of Jac'ko Hrynčak (Odrexov [Lemkian area], 1519)

Рокꙋ бж҃н ҂а̃ф̃а̃і

Станꙋши пред пн҃а нека ѿдрехоского ацько грича закою,| ѧѕзна добро-
воне би жаного примꙋшнna бꙋдꙋчи в добрꙋ здоровю,| н з добри розꙋмо нжє
прода пасѣкꙋ на коли поласкꙋи аньдрѣ-,| бꙋн токаривн за золоты н золоты
либы польскы межи рꙋ,| снн҃о ѳедоро а ацько крꙋко н вызволютъ емꙋ про-
данн҃о,| н даро веnn н вырѣкаса зо шикого н з дѣтьмн свонѣмн,| н запи-
сꙋеть са боронити его ѿ каждого пріатіла свого,| гроши своnѣ всли би
ма ꙗков перенагабана при тꙋ́ были,| людє нгна с пола пютрь нед кариди кова
ꙗ з грабꙋнцн ннь,| ши нѣмало люди было при тꙋ́ .₁₀|

              нед ѿдрнхоскы₁₁ |
              влана рꙋка₁₂ |

                        Joaneß Odrzechowsky
                        renką swą wlasną

49. From the Peresopnycja Gospel (1556-1561)

Й всѣ сѧ дивовали тому̀ што оучиниль і҃с и рекль оученико̀ своѝ. прїимѣте тыи то̀ слова до оушеи вашѝ. бо сн҃ь чл҃чь́скыи мѣть выдань быти вроу́кы чл҃ко́мь.—ꙋ они того слова не розоумѣли. бо было ѿ ни тое слово закрито. абы не мо́гли розоумѣти его. й боꙗ- лисѧ пытати его. ѡ то̀ сло́вѣ. ймѣли ꙋсобѣ таковыи оу́мысль. кто бы зни быль старьшіи.—А і҃с вѣдаючи мысли срц҃ь ихь принꙗвши дитѧ й поставиль его близко себе й рекль й. кто коли прїиметь тое дитѧ во имѧ мое. мене прїимоуеть. а ктобы мене принꙗль. прїимоуеть того которыи мене послаль бо кто е наимѣньшіи быль мѣжи вами всѣми то бо́льшіи е.

Зачало .м҃и.

А іѡаннь ѿповидѣвши рекль. оучи́телю. видѣли есмо некоторого. што й.менемь твои бѣсы выганꙗе̑. й заборонꙗли есмо ему̀ иже не ходить снами.—а і҃с рекль кнемоу не заборонꙗ́ите. бо кто не е противный намь. по вась е.

Й было коли сѧ выполнꙗли дн҃ове высхожденіꙗ его й онь оутвердиль лице свое йти до Ієрл҃има. й послаль вѣстникы прѣ̀ лицемь своѝ которыи идоучи вступили до мѣста самари- таньского. абы ему господоу наготовали (абꙋ по̂во́рꙋ). й не хотѣли его принꙗти. прото иже лице его было оутвѣрь́жено йти до Ієрл҃има а коли то оувидѣли оученици его й Їꙗковь йѡа. рекли гн҃и. хо́чеши ли рѣчемо абы огѣнь зышоль знеба а попалиль ихь. ꙗкь же й Їлїꙗ оучи- ниль. а і҃с обѣрьноу́вшисѧ заказаль й й рекль. не вѣдаетѣ чиего доу́ха есте вы̀ бо сн҃ь чл҃чь́- скыи погꙋбиль але абы сп҃сь. (sic) й взышьли до иного мѣста.

┌──┐
│ Евл҃иста выписоуеть ꙗкь х҃с прѣсылаеть иныхь оученикь сѣмьдесꙗть. й наоу́часть │
│ йхь. абы ꙋсобѣ не доуфали. ꙗкь ты̀ Ѿц҃а выславуе̑. й ꙗкь в законѣ перебываючомоу̀ │
│ дорогоу живота ѻказоуе̑. ты̀ повѣдаеть й причаꙗ ѻ чл҃коу̀ ѿ разбойниковь раненомоу̀. │
│ й ꙗкь тыжь вмаꙗрьꙗы гостемь быль. глава десꙗтаꙗ. а зачало й҃. │
└──┘

Зачало й҃'.

Потомь пакь зꙗгавиль г҃ь ины̀ седьмьдесꙗть. (и два̀) а послꙗ йхь по два прѣ̀ лицемь своѝмь. до всꙗкого города й до мѣста. где коли самь мѣль пойти. й мовиль имь. жꙗтва за- правды есть мно́га. але роботниковь мало.—просѣте жь гд҃на. которого то есть жито. абы посль (sic) роботникы на жниво свое. —идѣтежь. ѻто га вась посылаю ꙗко овцѣ посредѣ влꙗ́ковь. протожь неносѣтѣ зсобою мѣшковь. а ни пири. (sic) (покарьмовь) а ни обоувꙗ. а й никого не цѣлуйте на дорозѣ. —а йкоторыи же до коли войдетѣ наперьвѣй мовтѣ мирь томоу домови. а если тꙗ боудѣ сн҃ь мира. ѻпочнѣ на нѣ мирь вашь. а если пакь не боудѣ. кꙋа̀ сѧ наврꙗнѣ.

50. Song about the Vojevoda Štefan as Recorded in Jan Blahoslav's *Grammatika Česká* (1571)

<pre>
               Dunagu Dunagu čemu smuten teťep
na břehu   Na werssi Dunagu try roty tu stogu
prvnj   Perwssa rota Turecká
              Druha rota Tatarská
wlaská   Treta rota Woloská
              W Tureckým rotě ssablami ssermugu
              W Tatarským rotě strylkami strilagu
              Woloskym rotě Sstefan wygwoda
              W Sstefanowy rotě dywoňka plačet   flet
              Y plačucy powjdala Sstefane Sstefane
              Sstefan wygwoda, albo mě půgmi albo mě lissi ÷ propust
              Ai bo ssto mi řečet Sstefan wygwoda,
              Krásna dywonice pugmil bychtě dywoňko
              Nerownagmi ges, lissilbychte, milenka mi ges
              Sstom mi rekla dywonka, pusty mne Sstefane
              Sskoču gá w Dunag, w Dunag hluboky
              Achkdo mě doplynet yeho yá budu
              Něchto mě doplynet krasnu dywoňku
              Doplynul dywoňku Sstefan wygwoda
wdal   Y wzal dywoňku zabil gi w ručku
              Dywoňko dussenko, milenka mi budeš
              AMEN.
</pre>

51. From Lavrentij Zyzanij's *Lexicon* (*Leksys;* Vilno, 1596)

Аꙋ҃ъ дша҃.

Дꙋ҃х ст҃ы́, ё҃ъ и҃стин҃ный.

Добродѣтꙋ҃, цнота.

Доброта̀, ꙗ҆рода, цꙋ҃ность.

Дѣѧ́нїе, справа.

Дѣ́тель, справа.

Дѣ́монъ. бѣ́съ, чо҃ртъ.

Дѣ́мон҆скїй. чо҃ртовскїй.

Дѣла́нїе, робота.

Дѣ́ло, ꙗ҆чино҃.

Дланїе, ꙗ҆поминокъ.

Домостройтꙋ҃ство, домосмотрꙋ́-
тел҆ство.

Домостройтель, ша́фаръ, справ'ца
до́мꙋ.

Дѣла́тель, робо҃тни҃к, справ'ца.

Дꙗко҃, ала́ꙁꙋ҃та.

Добродѣ́тꙗлный, цнотлив́ый.

Добродꙗ́нїе, цнотливꙑи спра́-
　(12а) вꙑ.

Дрꙗ́чїе, и҅стъ хойна, котора́ꙗ в҆винѣ
зꙗ́рина, ꙁлꙗꙋꙗетъ оꙋ҆ꙗа ропꙋ̀
по́лны, и҅ ꙗчи ꙗꙗразовꙑ́н, то̀ і҅стъ
ра́ныным, а́лꙗо ꙗꙋꙗа́рыным.

6

Бꙗꙋнꙋ҃, скопленꙑ́ чл҃къ.

Ꙗꙋгда, кгдꙑ́.

Ꙗꙋд, цн҃.

Ꙗꙋꙁꙗ, ꙁалꙋꙗ҃т҆ꙗ̀.

Ꙗꙋлꙗкꙑ́ш, ко́л҆кꙑш.

Ꙗꙋлꙗ́ко, ко́л҆кои.

Ꙗꙋм҆манꙋꙗ́л, сна́ми ꙗг҃ъ.

Ꙗꙋл҆ма̀, г҃҅ ꙁначи҃, ко҃кꙑш, понꙗꙗ҃,
и҅ногдꙑ, въмѣ́сто ꙗо҃. ꙗ҅ко, ꙗꙋл҆-
ма̀ ꙗꙗли҃ і҅сꙗ̀ то́л҆ма смирꙗꙋꙗа.

Ꙗꙋл҆ма̀ оꙋꙗо ꙗ҃ъ на̀ ꙁꙗ҃лю прїйдꙗ, сꙗ́-
рꙗ҃, понꙗꙗ҃.

Ꙗꙋлꙗ̀ ꙗꙋꙗ оꙋꙗо сꙗ҃цꙗкꙑ ꙗꙑ́ло, ꙗ҆
ꙗ҅слꙗꙗꙑꙗа҃ꙗ ꙗꙑ́ ло.

ѣстиство, природжѣны, сѐ наречѐ
Ѳ г҃ ѣстъ.

ѣлой, повѵрѐⷯскѵ (12б) ѣⷬъ.

ѣтѣръ, нѣкїй.

їже, которое.

ѣѵⷢлїе, благовѣстїе.

ѣѵлⷶгелистъ, благовѣстниⷦ.

ѣпариⷦтриⷪ, ѡⷱⷶце, сⷹдина до чеⷬла-
на, ꙗⷧ�ⷠо налиⷦⷷ, накштаⷧтъ
каⷢⷶца звѣлого жилѣза.

Ж

Жⷶжда, прагнѣны.

жⷶждⷹ, прагнⷹ пити хочⷹ.

желаю, жадаю.

желанїе, пожаⷧлⷶивость, хо҃.

жестокъ, твⷬⷣы', закаманѣлый.

жестокосⷬⷣⷶы', закаманⷷлого
сеⷬⷣца.

жестоковⷷⷮⷩⷶы', запаматалⷶы'.

жеⷬⷷлъ, посоⷧ лⷷⷦа.

жеⷬⷩⷪ ослїй, камⷷⷦ млынⷩⷺⷮ. дла-
тогⷪ называетъ ослїй, жⷺ ослⷶ-
ми мѣлютъ.

жиⷮⷩⷩⷶица, стодола, клⷹⷩⷶа.

(13а) житⷩⷫѥ, мѣшⷦⷶⷥⷷ.

жⷹⷫⷷⷧь. сⷷⷬⷥⷶа.

жилⷶⷩⷷⷳⷷ, мѣшⷦⷶⷩⷧⷷ. домъ.

жеⷬⷩⷮⷥⷶа, заколѣнїе, ѡⷷⷷⷵⷬⷶа.

жⷶⷮⷷⷷⷳⷶа. живⷥⷪ.

жⷶⷮⷷⷩⷧ', жинѣцъ.

жⷷ, а҃.

жрⷹ, заколⷺⷩⷷ, зарⷷⷥⷷⷳⷫⷷ, ѡⷷⷷⷦⷷⷷⷷⷷ.

жрѣⷩⷷⷷ, ѡⷷⷷⷷⷷⷷⷷⷷⷷ.

живⷥⷪⷷ, мѣшⷦⷶⷥⷷ, йтⷺⷮ скаⷬⷥⷷⷮ, грошⷷⷷ.

жиⷮⷺⷩⷮ, живⷥⷪⷷ, жиⷬⷷⷩⷥⷮⷷⷷⷷ, выхⷥⷥⷥⷥⷷ.

З

забⷷⷷⷬⷶло, паⷬⷦⷶⷮ.

заⷷⷷⷬⷷⷷ, вⷷⷮⷮⷥⷫⷷⷷ.

заⷷⷷⷷⷮ заⷹⷷⷷⷷ. цⷬⷷ, кⷷⷮⷷⷷ, д҃.
глⷶⷮ м҃ⷷ.

завⷷⷷⷷⷷⷷⷷⷷ, застⷷⷷⷷⷷⷷⷷⷷⷷⷷ.

заⷬⷷⷷⷷⷷ, застⷷⷷⷷⷷⷷⷷⷷ. ѱⷷⷷⷷⷷⷷⷷⷷⷷ, ꙗⷷⷷⷷ, нⷷⷷⷷⷷ-
рⷷⷷ сⷷⷮⷷⷷⷷⷮⷷⷷⷷⷷⷷⷷⷷⷷⷷⷷⷷⷷ маⷷⷷ.

зазираю, ѡⷷⷷⷷⷷⷷⷷⷷⷷ, ѡⷷⷷⷷⷷⷷⷷⷷⷷⷷ, ѡⷷⷷⷷⷷⷷⷷⷷ-
даⷷⷷⷷ.

зазрⷷⷷⷷⷷⷷⷷ. ѡⷷⷷⷷⷷⷷⷷⷷⷷ, ѡⷷⷷⷷⷷⷷⷷⷷⷷ.

заⷷⷷⷷⷷⷷⷷ. костки (13б) каⷷⷷⷷⷷⷷⷷⷷⷷⷷⷷ.

заⷷⷷⷷⷷⷷⷷⷷ позычаю.

заⷷⷷⷷⷷⷷⷷⷷⷷ, позычⷷⷷⷷⷷⷷⷷⷷ.

заⷷⷷⷷⷷⷮ, пожичⷷⷷⷷⷷⷷⷷⷷⷷ.

закалаю, зⷷⷬⷷⷷⷷⷷⷷⷷ, заколⷺⷷⷷⷷⷷⷷ.

заколⷷⷷⷷⷷⷷ, зарⷷⷷⷷⷷⷷⷷ.

заклаⷷⷷⷷ, рⷷⷷⷷⷷⷷⷷ.

зⷷⷩⷷ, аⷷⷷⷷⷷⷷⷷ.

заⷷⷷⷷⷷⷷⷩⷷ, снⷷⷷⷷⷷⷷⷷⷷⷷⷷⷷ.

зⷷⷷⷷⷷⷷⷷⷷ, заⷷ, бⷹⷷⷷⷷⷷⷷⷷ, поⷷⷷⷷⷷⷷⷷⷷⷷⷷⷷⷷ.

зⷷⷷⷷⷷⷷ, бⷹⷷⷷⷷ.

заⷷⷷⷷⷷ. погⷹⷷⷷⷷⷷⷷⷷⷷ, порозⷹⷷⷷⷷⷷⷷⷷⷷ.

запрⷷⷷⷷⷷⷷⷷⷷⷷⷷ, загрожⷷⷷⷷ заⷷⷷⷷⷷⷷⷷⷷ.

запрⷷⷷⷷⷷⷷⷷⷷⷷⷷ, загрожⷷⷷⷷⷷⷷⷷ, заⷷⷷⷷⷷⷷⷷⷷⷷ.

зⷷⷷⷷ, ѡⷷⷷⷷⷷⷬⷷⷷⷷ.

злⷷⷷⷷⷷ, пⷷⷷⷷⷷⷷ, траⷷⷷⷷ зрⷷⷷⷷⷷⷷⷷⷷⷷⷷⷷⷮ
ѷⷷⷷⷷⷷⷷⷷⷷⷷⷷⷷⷷⷮ.

зазⷷⷷⷷⷷⷷⷷⷷⷩⷷ, погⷹⷷⷷⷷⷷⷷⷷⷷⷷ', подозⷷⷷⷷⷷⷷⷷⷷⷷⷷⷷ.

заключаю. замыкаю.

заключⷷⷷⷷⷷ, заⷷⷷⷷⷷⷷⷷⷷⷷ.

заключⷷⷷⷷⷷⷷⷷ, заⷷⷷⷷⷷⷷⷷⷷⷷⷷⷷⷷⷷ.

зⷷⷷⷷⷷⷷⷷ, ѷⷷⷷⷷⷷⷷⷷⷷⷷⷷ.

задⷷⷷⷷⷷⷷⷷⷷⷷ, заⷷⷷⷷⷷⷷⷷⷷ.

злⷷⷷⷷⷷ, злⷷⷷⷷⷷⷷⷷ.

(14а) злоⷷⷷⷷⷷⷷⷷⷷ, злостⷷⷷⷷⷷⷷⷷⷷⷷⷷⷷ.

злⷷⷷⷷⷷⷷⷷⷷⷷⷷⷷⷷ, злⷷⷷⷷⷷⷷⷷ.

злⷷⷷⷷⷷⷷⷷⷷⷷⷷⷷⷷ, злⷷⷷⷷ ѡⷷⷷⷷⷷⷷⷷⷷⷷⷷⷷ.

злопоⷷⷷⷷⷷⷷⷷⷷⷷ, хрⷷⷷⷷ, гиⷷⷷⷷ застⷷⷷⷷⷷⷷⷷⷷⷷⷷⷷⷷⷷⷷⷷⷷ.

зⷷⷷⷷⷷⷷⷷⷷⷷⷷ, ѣⷷⷷⷷ дⷷⷷⷷⷷⷷⷷⷷ, которⷷⷷⷷ лⷷⷷ-
тⷷⷷ ѷⷷⷷⷷⷷⷷⷷⷷ зⷷⷷⷷⷷⷷⷷ, подⷷⷷⷷⷷⷷⷷⷷ лⷷⷷ-
стⷷⷷ маⷷⷷⷷ зⷷⷷⷷⷷⷷⷷⷷⷷⷷ, накоторⷷⷷⷷⷷⷷⷷ
чеⷬⷷⷷⷷⷷⷷⷷ ѷⷷⷷⷷⷷⷷⷷⷷ ростⷷⷷⷷ. ѷⷷⷷⷷⷷⷷⷷ,
гⷷⷷⷷⷷ, мⷷⷷⷷⷷⷷ.

заⷷⷷⷷⷷⷷⷷⷷ, заⷷⷷⷷⷷⷷⷷⷷⷷⷷ.

зⷷⷷⷷⷷ, дзⷷⷷⷷⷷⷷⷷⷷⷷⷷⷷ.

законъ, праⷷⷷⷷⷷⷷⷷⷷ.

52. From Ivan Vyšens'kyj's *Advice on How to Purify the Church of Christ (Porada, kako da sja očystyt cerkov Xrystova; after 1596)*

А што ж инок не вмѣет бесѣдовати с тобою? Албо его пытаеш о диаволских прилогах? Альбо его пытаеш о борбѣ духа с тѣлом и безпрестанном мечтании мысльном? Албо его пытаеш о скорбех внутрънних, алчи и жажди? Албо его пытаеш о войнѣ помысла с духи лукавыми поднебесными? Албо его пытаеш о подвизѣ молитвеном тѣла и мысли? Албо его пытаеш о том, в чом живот вѣчный крыется? Или не вѣдаеш, як в том житии, котрого ты живеши, еще ни во снѣ тобѣ о том приснитися не может? Или не вѣдаеш, иж в тых многих мисах, полмисках, приставках, чорных и шарых, чирвоных и бѣлых юхах, и многих скляницах, и келишкох, и винах мушкателах, малмазиях, алякантох, ревулах, медох и пивах розмаитых тот смысл еще мѣста· не имает?   Или не вѣдаеш, яко в статутах, конституциях, правах, практыках, сварах, прехитренях ум плавающий того помысла о животѣ вѣчном подняти и вмѣстити не может? Или не вѣдаеш, яко в смѣхах, руганях, прожномовствах, многомовствах, кунштах, блазенствах, шидерствах розум блудячий того помысла о животѣ вѣчном видѣти николи ся не сподобит? Или не вѣдаеш, яко зе псы братство принявший, с хорты, окгары, выжлы и другими кундусы, и о них пилност и старане чинячий, абы им боки полны, хребты ровны и гладки были, того помысла о животѣ вѣчном видѣти не может? Или не вѣдаеш, як на тых грѣдых бадавѣях, валахах, дрыкгантах, ступаках, единоходниках, колысках, лектыках, брожках, карытах, котчних труп свой пременяючий о животѣ вѣчню мыслити, въмѣстити не может? Или не вѣдаеш, яко в замкох, мѣстах, селах, полях, кгрунтах, границах, розширенях мысль блудячая о царствии божом мыслити не может? Или не вѣдаеш, як многопредстоящим гологлавым, трепѣрным и многопѣрным макгероносцем, шлыком, ковпаком, кучмам, высоконогим и низкосытым слугам, дворяном, войном, жолнѣром цвѣтнопестрым и гайдуком — смрѣтоносцем радуючийся о царствии божом не толко мыслити, но ни помечтати не может?

53. From Letter of Ipatij Potij to Prince of Ostrog (1598)

Але речешъ ваша кнѣжатская милость: ижъ потреба было первей сыноду, нижли-смы до Рыму ехали, и ку тому абы то зъ волею всѣхъ дѣялосе. Прызнаваю то: и самъ в. м., и сам-емъ того сыноду зъ великою пожадливостю прагнулъ, и вашой княжецкой милости рукоданъемъ моимъ то прнобецалемъ былъ, и подобно по болшой части учинилемъ былъ обетницы своей досыть, кгдыжъ и сынодъ за стараньемъ моимъ былъ позволенъ. Але яко скоро взяли есмо ведомость отъ когось звирьхнейшого, | ижъ ваша княжацкая милость снятъ до Торуня на сынодъ геретический послати рачилъ, взываючи иновѣрьцовъ на тотъ сподеваный соборъ противъ насъ и противъ тое зачатое справы (што мне все на писме зъ двору его королевское милости было послано, чого и теперъ копию въ себе маю, въ которой—што естъ съ подивеньемъ—и то написано, якобы наши церымонии Греческие болшей зъ Еванъгелицькими, а нижъ зъ Рымляны, згажатисе мели: (ино) власне такъ се згажаютъ , якобы коли старожитное зъ новотою, утверженie и камень (недвижимый) зъ легкомысльностью и тростиною, широта съ теснотою, плодность зъ неплодиемъ, светобливость съ проклятиемъ, добрый порадокъ съ помешаньемъ, родоста зъ маковымъ цветомъ, миро благоуханъное зъ грязью, свѣтлость съ темностию, Христосъ зъ Велляромъ, и много иныхъ речей),—о чомъ скоро есмо услышели, почали-смы се всѣ тому дивовати, и што далей съ тымъ [чинити—не ведали есмо. Поневажъ его королевская милость, о всемъ томъ достаточную справу взявъши, заборонилъ намъ того сыноду, первей позволеного: кгдыжъ бы то не сынодъ, але якобесь замешанье быти мусело, если бы иновѣрьцы мели зъ нами таковый сынодъ отправовати. Чого недавно свѣжый прикладъ у Берестьи показалосе: ижъ по большой части геретикове, зъ нашими апостатами и зъ неприятельми хрестиянскими совокупившися и учинивши собе соборище иное, противъ правиломъ смели насъ выклинати и зъ столицъ нашихъ скидати! Што—смеле речи могу—отъ вековъ не слыхано, абы люде светские геретические то коли своимъ старшимъ архиепископу и епископомъ учинити мели, а ку тому—не позваныхъ, безъ позву, безъ суду, безъ права, [безъ] судьи власного и головного!

Не треба прото дивоватися тому, ижъ таковый сынодъ передъ дорогою Рымъскою занехалъсе.

54. From Intermedia of Jakób Gawatowicz (ca. 1619)

Intermedium po Akćie wtorym.

Persony Klimko z gàrcàmi, Stecko kotà w worze mà nà grzbiećie.

1. **Klimko** SCzo tut ty pobrátyme sobi porablaiesz?
2. Kazy mini iák żywesz | tá y iák sia máiesz.
3. **Stecko** Ja tut ne roblu nyczoho | Oś ydu do domu swoho |
4. Tá y z toiemy horsczkámi | Ják z swoimi susidámy.
5. **Klim:** Tá ná sczo ták mnoho máiesz | Lyboy ná żonku kydáiesz.
6. **Stec:** Náscżo. Cy choczesz wiryty | Sczo lublu chorosze żyty |
7. Wsioho dostátok wáryty Każu | ta sia ne kurczyty.
8. Ták iáko przynależáiet Spodárowi | sczo wsie máiet.
9. **Klim:** Bochmeś człowik choroszy | Lyboy máiesz mnoho hroszj.
10. **Stec:** Tá sczo máiu. **Klim.** Tá dobytok. **Stec:** Máiu | tot ná
            [polu wszytok |
11. Sut támo vwcy | Bárány | Kotromi cżástuiu Pány |
12. Sut woły | tá y korovy | Wsie máiu kolim zdorowy.
13. **Klim:** Tá y mnoho pulá máiesz | **Stec:** Máiu | tá sczo ták pytáiesz.
14. **Klim:** Bo chocżu toby służyty | Z toboiu wik prowádyty.
15. **Stec:** Koli choczesz | hárast służy | Chot sia y szynkarkom dłuży |
16. Koli piniżi maiemo | Wsie my toie popłátymo.
17. Lisze choć werne służyty. **Kli:** Każysz sczo budesz wárity
18. Dla mene. **Stec:** Chot wydysz mnoho horsczkow | sczóm do
              domu swoho |
19. Tut pokupył ná iármárku | Kupiłem y toiu mirku
20. Sczo Ludem soby z ney pyty | Tá pytáiesz sczo wáryty
21. Budu | oś w toim borsczyká | W toim iáchły do mołoká |
22. Koli ryby dostánemo | W toim horsczyku zwáremo |
23. A w toim sia zwáryt tysto | w toim koropy rozpysto.
24. W toim kápustu tłustoiu | W toim rozpustymo łoiu |
25. Do horochu | ot ták znáiesz | Tá y pyrohow sia náysz |
26. W horsczku ich powáremo | Tá v tym szpyrok násmáżemo.
27. Tá sczo bys chotył inszoho | Sczo máiem náwarym mnoho.
28. **Klim:** Bohme ia budu służyty | Koli ták schoczesz wáryty |
29. Tái że siá chorosze máiesz. **Stec:** Tá ty sczo robyty znáiesz.

30. Każy sczobym słuhu swoho | Znáw ta láskaw byw ná neho.
31. **Klim:** Ja człowik wsie robyty | Znáiu | tá wołki łowyty.
32. sczoby owec ne psowáły | Tá byłlá ne rozhanáły.
33. Y inszoho zwierá mnoho | Dostánu oś z lisá toho
34. Lisićiu szczom imyu nesu. Tá zá dłuchy ią ponesu.|

55. From Pamva Berynda's *Slavo-Ruthenian Lexicon* (*Leksykon slavenorosskyj*; Kiev, 1627; second edition, 1653)

й	Зà	⁂	Зв

Зàетꙋпáй : Ѿоронáй, по
магáй, шпекáю.

Зàетꙋплѣнїе : Ѿоронⷶ.

Зàкⷪпáти : Закопáти.

Зàда : Задⷭі.

Зàтакáй : Замышлáй.

Зàтвердѣнїе : Нестравлѧнⷭыꙗ,
зàтвердⷮѣныꙗ.

Зàтвⷪры : Замкнена, залѣпꙑ.

Зàтщее : Непотрѣбне.

Зàꙋтра : Рáнш, порáнꙋ,
тáкⷥ же ꙋтрⷲ.

Зàꙋтрник : Снѣдае, порáнⷪ.

Зàꙋтрнїй : Рáнїй, екорѡзрый,
áбо доетáлый, зрѣлый, оꙋзрⷮѣ
лꙑ. дорѡлꙑ. тáже: ꙋтрⷲсный,
потⷪмный, ꙋметый.

Заꙋщáй : Оꙋетà затыкáй,
мⷪвити недопꙋщáй, вⷣи
епꙋтáцїи перекⷪныⷡбáй.

Заⷲитнникъ : Оберⷪнцⷶ, по
лⷣавⷱца, шпекꙋⷩ, пⷪмагⷶ.
Пáтронъ.

Зáвинй : зⷢбинⷨи, брⷶзⷷꙋ.

Звенⷶщ : Бꙋ̈мачⷩи, дзвинꙗ
чи, бражчⷶти, збⷪмачⷩи,
áко : Гі. рⷩг.

Звонецъ : дзⷢбⷪнⷪкъ.

Звⷭⷹщникъ : Возницⷶ, фꙋрⷨⷶ.

Зꙋⷹкъ : Голⷪⷭ трꙋⷡеный,
дзⷡꙋ̈нⷠкъ, бранⷠкъ, брꙋмⷯⷨ,
бⷢразⷠкъ, áбо голⷭꙗ. тáже
шꙋⷨмъ ѿпꙋшаⷪ, нáй йныⷯ
лⷭѣ тáнцꙑ рⷭѣлⷮкѡ шꙋⷡмⷨ.

Зⷡвецáй, áбⷪ звⷭацáй : Бꙋ̈минⷤ,
дзⷡбинⷩи, збⷪинⷩи, брⷶзⷮꙋ, гꙋꙋⷯ.

Здáнїе, здⷶ : Бꙋдⷪвⷶнⷠе, по
етрⷭѣше, áбⷪ оꙋ̈чинⷩе, рⷭбⷭлⷭее.

Здáти : Бꙋдⷪвⷩꙋⷩⷮнⷩⷮй : рⷭⷭѣтⷩи.

Здⷣѣ : тꙋⷮт, тꙋⷮтакⷩи, обⷮецⷩе.

Здⷮѣшнїй : тꙋⷮтⷭнⷩй, обⷮецⷩⷭꙑ,
обⷶⷩⷮнⷩй, притⷷⷨны, дⷪⷨⷪвⷷꙑ,
дⷪмⷷвⷩⷩ, áбⷮⷪ дⷪмⷪⷡвⷩⷩⷮй.
влⷶⷭⷩⷩⷩ, прⷩⷩⷪрⷪжⷩⷩⷮⷨꙑⷩ, áбⷮⷪ
вⷪдⷩⷮⷷⷨ, дⷪⷨⷶⷠкъ.

Зⷢꙋⷪ : дⷶⷯⷯ, покрⷩⷮⷷⷩⷮⷩ.

Зеленⷷⷮꙑⷷ : є̈ дⷮⷭⷩⷪⷡⷮⷪⷨⷶⷶⷩⷷⷩⷩⷨ, кⷷⷮⷪⷮрⷷⷩ
лⷮⷭⷮꙋⷮⷮ

56. From Ioannikij Haljatovs'kyj's *Sermon to Warriors in Time of War* (*Slovo času vojny do voinov;* before 1671)

Рекл҃ъ є́дйнъ з҆ Ꙋчи́телей Ц҃рко́вныхъ: кото́рій гро́ши ма́етъ, все́ ма́етъ что є́мꙋ є́стъ потре́но; бо да́вши ѡ́ныє все́ кꙋпи́ти мо́же҃. што́жъ є́стъ мл҃тва є́сли не гро́ши дꙋ҃хо́вные? та́къ ю̀ назва́лъ то́йже Ꙋчи́тель, ре́кши: мл҃тва є є҃ гро́ши дꙋ҃хо́вные. я҆́ко те́ды бе҃ гро́шій теле́сныхъ чл҃къ жа҃ной ре́чи себе҆́ потре́бной, ми́лой й пожите́чной набы́ти не мо́же҃; та́къ бе҃ гро́шей дꙋ҃хо́вныхъ, то є́стъ бе҃ мл҃твы сто́й Ꙋ Б҃га не́чого себе҆́ потре́бного, ми́лого, й пожите́чного, та́къ што̀сѧ ткне́тъ те҆́ла, я҆́кѡ й дш҃и набы́ти не мо́же҃. й длѧ того̀ са́мъ ре́клъ Х҃с: всѧ̀ є҆́лика а҆́ще мл҃ѧщесѧ про́сите вѣрꙋ́йте я́ко прїи́мете, й бꙋ́де҃ ва́мъ. (м҃а: гл҃: а҃і.). Е҆сли Гро́ши людей зъвѧзе́нѧ выймꙋ́ютъ, й сме́рти, є́сли Сꙋ́дей кꙋ ѡ̈бвине́нномꙋ чл҃кꙋ ласка́выми чи́нѧтъ; ма́є҃ тꙋ́ю мо́цъ й мл҃тва ст҃ѧ. Кто̀ Данѝла Пр҃рка з҆ ро́ва лви́въ, Петра̀ з҆ вѧзе́нѧ вы́зволилъ? мл҃тва. та́къ мо́витъ Златоꙋ́стый ст҃ый: хо́чешъ ве҆́дати я́кая є́стъ си́ла мл҃твы в҆ Ц҃ркви Ꙋчи́неной? свѧза́ный былъ Пе́тръ й мнѡ́гими Ꙋ́жы желе́зными ѡ̈ко́ванный, мл҃тва за́сь ѿ Ц҃ркви бѣше ѡ̈ не́мъ приле́жна, й за́разъ єго̀ з҆ темни́ци вы́волила. што те́ды на̀ тꙋ́ю мл҃твꙋ силне҆́йшаго? Пи́шетъ є́де́нъ з҆ поето́въ; жѐ зла́то й гро́ши всѐ ре҆́чи пренника́ю; а҆́ле мл҃тва дале́ко сильне҆́йшаѧ є҆́стъ на̀ зла́то й гро́ши; бо нема́ешъ той ре҆́чи кото́рой бы ѡна̀ непрони́кнꙋла. Проника́етъ тве́рдые ска́лы, каме҆́не, проника́є҃ во́ды, проника́етъ ѡ̈блаки, проника́е҃ всѝ Не҃ба, й до самого̀ маеста́тꙋ Б҃жого з҆ вели́кою Ꙋ́фностью прихо́ди҃, й та́мъ чл҃ккови мл҃ѧщемꙋсѧ мл҃осе́рдіе Б҃жіе є́днае҃, звѣта́ство на̀ не́прїѧтелѧми Ꙋпроши́вае҃. Пойде́мъ дале́й до Ꙋваже́нѧ си́лы мл҃твы, а̀ пыта́ймо: Кто̀ коли злато́мъ й гро́шмй хоро́бꙋ я̀кꙋ́ю ѡ̈ себе҆́ изгна́лъ? кто̀ живо́тъ кꙋпи́лъ? кто̀ Не҃бо замкнꙋ́лъ й ѿвори́лъ? Кто̀ коли злато́мъ й гро́шмй сл҃нце застанови́лъ, а́лбо а́бы наза́дъ Ꙋстꙋ́пило, спра́вилъ? кто̀ коли злато́мъ й гро́шмй гꙋ́ры з҆ ме҆́сца пренесл҃ъ й и́ншіе на̀ натꙋ́рꙋ чꙋ́да Ꙋчи́нилъ? жа́денъ. а̀ пре҃ мл҃твꙋ мнѡ́зи лю́діе ди́вные чꙋ́да чини́ли. Что спра́вило же є́лисе́й Пр҃ркъ желе́зо зо дна̀ на ве́рхъ воды́ вы́велъ й пла́вати ѡ̈номꙋ повеле́лъ? мл҃тва. что в҆ прв҃комъ вѣ́кꙋ сл҃нце проти́вко Гакашни́товъ за ча́сꙋ Ісꙋ́са На́вина застанови́ло? мл҃тва. что на зе́кгарꙋ Ӓха́за Цар҃ѧ сл҃нцꙋ наде́сѧ ле҆́ній наза́дъ Ꙋстꙋ́пити спра́-

вило? мл҃тва Єзє́кїй Ца́рѧ. что̀ сн҃а Сꙋ́мантѧнѝни до живота̀ привело̀?
что Са́рри до́мъ ѿ дїа́вола ни́зволило? мл҃тва. что ле́сѧ кро́тъ сто ти́-
сѧчей во́йска За́ри Гетма́на на пла́цꙋ положило Гд҃ы воева́лъ з̾ А́ссꙋю
Царе́мъ Ю́дскимъ? мл҃тва. бꙋ ꙗ́косѧ з̾ ѻ́бои́хъ сторо́нъ вале́чнаѧ сто-
чи́ла би́тва, а̀ А́сса Ца́р̾ ꙋда́лсѧ до мл҃твы, мо́влѧчи: помози́ на́мъ Гꙋ̑
Бж҃е нѝшъ, зане ̑на́тѧ ꙋпова́ємъ и̑ на твоє̀ и́мѧ̀ и.ме́юще нешбино-
нокенїе прїйдо́хомъ сѫпроти́вꙋ того̀ мнꙋжества̀; Гꙋ̑ Бж҃е на́шъ ты єси́,
не премо́же́ проти́вꙋ тебѐ чл҃къ. а̑жъ за́разъ Ба́ра Гетма́нъ поражены́мъ
и̑ до ще́нтꙋ знесены́мъ зоста́лъ, ꙗ́ко мо́ви писа́нїе сто́є: ꙋстраши́лъ є̑стъ
Гд҃ъ Єфꙋ́пы пре̑ А́ссꙋю, и̑ Ю́дою и̑ бе́жа́ша Єфꙋ́пы, и̑ гна̀ и́хъ А́сса,
и̑ лю́дїе и́же сни́мъ ла́же до Геда́ра, и̑ падо́ша Єфꙋ́пы да́же до погꙋ-
бле́нїѧ ꙗ́ко Гд҃ꙋ бꙋ́юшꙋ сѫкрꙋши́шасѧ.

57. From Teofan Prokopovič's Vladymyr (1705)

ДѢЙствїе а҃.

Явленїе ҃.

Владимеръ, Борисъ и Глѣбъ.

Владимеръ.

Борисе, чадо мое!

Борисъ.
Что, отче, велиши?

Владимеръ.
430 Видѣлъ ли еси от Грековъ посла? Что ти мниши
О его вѣщанїи?

Борисъ.
Законъ свои прїяти
Совѣтуетъ, но требѣ болѣе слишати
О томъ, да вся извѣстна будутъ.

Глѣбъ.
Аще волно,
Что ми ся мнитъ, сказати, о отче?

Владимеръ.
Доволно
435 Глаголи, чадо Глѣбе!

Глѣбъ.

Азъ отнюдъ не знаю,
В чемъ стоитъ законъ Христовъ; обаче не чаю,
Даби не любве ради посла сицеваго
Послалъ царъ византїискїи: аще бо би злаго
Билъ онъ ухищренїя — азъ лукавих навѣтовъ
440 Не то би своим тебѣ представлялъ совѣтом,
Что самим им свято ест, велико и честно.
Но егда что сам любитъ, то даетъ, не лестно
Мнит ся дарованїе: к тому, кїи зде бити
Можетъ позоръ лукавїи? Егда бо смѣсити
445 Кровъ их со нами хощеши, чаю, видятъ ясно,
Яко миръ им даеши, ниже что ужасно
Или враждебно от насъ себѣ ожидаютъ.

Врази не сим образом кровъ свою смѣшаютъ.
Убо мню, да не спѣшно и не без отвѣта
450 Отслеши философа, но, сего совѣта
Не возгнушав ся, вели ему, да подробну
Законъ Христовъ зяснитъ и вѣри удобну
Покажетъ вѣру свою.

Владимеръ.

Аки би едино
Сердце имами, Глѣбе: азъ ничтоже ино
455 Помишляю; прочее вѣруите ми, чада:
Мнози к нам прихождаху съ Византїи града
Царскїи посланци, обаче еднако
Имѣхъ сердце, ниже что внутръ имѣхъ. Инако
От сего сотвори ся: едва бо онъ слово
460 Пророче ми и Христа помяну, чтосъ ново
Не вѣмъ и дивну въ сердци ощутихъ измѣну
И, что всѣхъ ест дивнѣе, аки ни едину
Рѣчъ слишахъ, двоихъ нѣких устенъ слово бяше.
Философъ убо, стоя, своя глаголаше.
465 В мисли же моей нѣкто таиним си язиком, —
Отсели, мню, не слишан бистъ онъ человѣком, —
Повѣстъ философову краткими извѣти
Утверждаше. Моя же утроба горѣти
Мняше ся и страхъ нѣкїй пронзе мя; оттолѣ
470 Не вѣмъ, како ко моей прилѣпи ся волѣ
Имя христїянское; наши же ми мертви
Бози мнят ся бити и жертви их мерзки.

58. From Samijlo Velyčko's *Story of the Cossack War against the Poles* (*Skazanie o vojně kozackoj z Poljakamy; ca.* 1720)

Р О З Д Ѣ Л Ъ 4.

О Хмелницкого з войсками поведении; о Виговскомъ з войскомъ козацким на Волиню бившомъ, и о Поляках тогда умолкнувших: о взятю Вилна чрез Москву з Козаками. и о забитю Золотаренка под Биховомъ.

[159]) Таковимъ дѣйствіемъ и корреспонденціею яко вишей виразилось поджогши Хмелницкий Кароля Густава короля шведского на Поляковъ, и своего на нихъ бившаго не угасивши в себѣ пламене, любо самъ засмотруючися на всѣ сторони не рушалъ з войскомъ з Чигрина, однакъ для лутшой осторожности войска козацкий стягнувши, велѣлъ имъ стояти все лѣто обозаммѣи сполне з козаками московскими прежде вспомненими в помочъ ему присланими двадцятма и пятма тисячами. в полю около Бѣлой Церквѣ и Паволочи; а для промислу военого над Поляками, Жванецкий покой раздруши[вши]ми и початокъ до войни разореніемъ Украйни и прогрессомъ дрижиполскимъ учинившими, виправилъ з войскомъ козацкимъ, комендерованимъ в двадцятохъ и двох тисячах Данилка Виговского, которий бл[а]гополучно Волинь всю з городами ея и Люблиномъ струснувши, и многіе тамъ користи и скарби без жадного от Поляковъ возбраненія позабѣравши, повернулъ на Украйну в цѣлости зо всѣмъ войскомъ, пред филиповскими запустами. Поляки засъ по оной дрижиполской росправѣ, на кватерах украйнских по за Бугомъ перезимовавши, любо хотѣли подлугъ намѣренія своего посполитимъ рушенемъ з Хмелницкимъ военую имѣти росправу, однакъ внушивши холодний на себе з Швеций вѣтеръ дали покой Хмелницкому и розехавшися по домах своихъ, ниже комендерованому вишписаному з Виговскимъ войску який колвекъ встрент учинити отважилися, хочай и видѣли державу свою Волинскую разораемую и опустошаемую; находячую абовѣмъ болшу от Шведовъ шкоду свою уважаючи, о меншой оной волинскои от Козаковъ творимой мало и дбали.

Войска московскіе с козацкими прошлого 1654 року, княженіе Литовское разоривший, и там же в Литвѣ около Дубравни зимовавший, на веснѣ в року уже 1655 знову свое военое на Литву зачинаютъ дѣло, приходятъ под столечний великий и славний градъ Вилню, и за часъ недолгий оного добувши, многое множество народа в немъ противившагося висѣкли, и премногіе богатства и скарби [159 б.] з него забравши, а президіумъ свое значное в немъ оставивши повернули назадъ ку своймъ границамъ и домамъ. В якомъ от Виля поворотѣ, Золотаренко з войскомъ козацкимъ до Старого Бихова знову прибивши, и в добитю оного щастя спробовавши, натрафилъ тамъ на нещасте и смерть в кулѣ быховской к нему прилетѣвшую.

59. From Letters of Hetman Ivan Mazepa to M. Kočubej (ca. 1708)

Мое сердечко!

Уже ти мене изсушила красным своимъ личкомъ и своими обѣтницами.

Посилаю теперь до В. М. Мелашку, щобъ о всѣмъ розмовлала з В. М. Не стережися ен нѣ въ чемъ, бо есть вѣрная В. М. и мнѣ во всѣмъ.

Прошу и велце, за нужки В. М., мое серденко, облапивши, прошу, не одкладай своеи обѣтници!

*

Мое серце коханюе!

Сама знаешъ, якъ я сердечне шалене люблю В. М.; еще нѣкого на свѣтѣ не любивъ такъ. Мое бъ тое щастье и радость, щобъ нехай ѣхала, да жила у мене; тилко жъ я уваживъ, акій конецъ с того можетъ бути, а звлаща при такой злости и заедлости твоихъ родичовъ. Прошу, моя любенко, не одмѣняйся нѣ въ чомъ, яко южъ не поеднократъ слово свое и рученку дала есь, а я взаемне, поки живъ буду, тебе не забуду.

*

Мое серденко!

Не маючи вѣдомости о повоженью В. М., чи вже перестали В. М. мучити и катовати, теперь теды одъѣжаючи на тыждень на певніе мѣстца, посилаю В. М. одъѣздного черезъ Карла, которое прошу завдячне принятн, а мене въ неотмѣнной любвѣ своей ховати!

*

Мое серденко!

Тяжко болѣю на тое, що самъ не могу з В. М. обширне поговорити, що за отраду В. М. въ теперешнемъ фрасунку учинити. Чого В. М. по мнѣ потребуешъ, скажи все сій дѣвцѣ. В остатку, коли они, проклятіи твои, тебе цураются, иди въ монастръ, а я знатиму, що на той часъ з В. М. чиняти. Чого потреба, и повторе пишу, ознайми мнѣ В. М!

*

Моя сердечне коханая!

Тяжко зафрасовалемся, почувши, же тая катувка не перестаетъ В. М. мучити, яко и вчора тое учинила. Я самъ не знаю, що з нею, гадиною, чинити. То моя бѣда, що з В. М. слушнаго не мамъ часу о всѣмъ переговорити. Болшъ од жалю не могу писати, тилко тое якожъ колвекъ станеться, л, поки живъ буду, тебе сердечне любити и зичиты всего добра не перестану, и повторе пишу, не перестану, на злость моимъ и твоимъ ворогамъ.

*

Моя сердечне коханая!

Вижу, же В. М. во всемъ одмѣнилася своею любовію прежнюю ку мнѣ. Якъ собѣ знаешъ; воля твоя, чини що хочешь! Будешъ на потумъ того жаловати. Припомни тилко слова свои, под клятвою мнѣ даніе на тотъ часъ, коли выходила есь з покою мурованого од мене, коли далемъ тобѣ перстень діаментовій , над которій найлѣпшого, найдорогшаго у себе не маю, же «хочь «сякъ, хочь такъ будеть, а любовъ «межи нами не одмѣнится.»

*

Моя сердечне коханая , наймильшая, найлюбезнѣйшая Мотроненько!

Впередъ смерти на себе сподѣвався, нѣжъ такой въ серцу вашомъ одмѣни. Спомни тилко на свои слова, спомни на свою присягу, спомни на свои рученки, которіе минѣ не поединокротъ давала, же мене, хочь будешъ за мною, хочь не будешъ, до смерти любити обецала.

Спомни на остатокъ любезную нашу бесѣду , коли есь бувала у мене на покою: «Нехай Богъ не-«правдиваго караеть, а я, хочь лю-«бишь, хочь не любишъ мене , до «смерти тебе, подлугъ слова своего, «любити и сердечне кохати не перестану, на злость моимъ ворогамъ.» Прошу, и велце, мое серденко, якимъ колвекъ способомъ обачься зо мною, що маю съ В. М. далей чинити; бо южъ болшъ не буду ворогамъ своимъ терпѣти, конечне одомщеніе учиню, а якое, сама обачишъ.

*

Щасливши мои писма , що въ рученкахъ твоихъ бувають, нежели мои бѣдніе очи, що тебе не оглядають.

60. From Transcarpathian Dream Interpretations (seventeenth- or eighteenth-century manuscript from village of Rakošyn near Mukačevo)

57. Копати землю — жизность знам.
58. Попа убраного видѣти — нещестіа.
59. Попа на ложи видѣти — приятела.
60. Попа хорого видѣти — чкода знам.
61. Лен сѣяти — добрѣ знаменуетъ.
62. Ложе свое видѣти — бга[т]ство знам.
63. Лишку[1] видѣти — непріятела премочи.
64. Мюд брати — wгень знаменуетъ.
65. Морковъ исти во снѣ — немоч знам.
66. Млеко во снѣ пити — добрый часъ.
67. Матку свою во снѣ видѣти — добрѣ.
68. Нужъ во снѣ видѣти — зрада.
69. Новое wдѣнія видѣти — смутокъ.[2]
70. На драбину лѣсти — честъ знам.
71. Ноги свои мыти — дорога знам.

LIST OF SOURCES

1, 2. Obnorskij, S. P., and S. G. Barxudarov. Xrestomatija po istorii russkogo jazyka. Part I. Moscow, 1952.

3, 4. Čtenija v Obščestvě istorii i drevnostej rossijskix [ČOIDR]. Vol. CLXXXIX. Moscow, 1899.

5. Lětopis' po Lavrentievskomu spisku. Edition of Archaeographic Commission. St. Petersburg, 1872.

6. Obnorskij and Barxudarov. Op. cit.

7. Pravda russkaja. Edited by B. D. Grekov. Moscow and Leningrad, 1940.

8. Arcixovskij, A. V., and M. N. Tixomirov. Novgorodskie gramoty na bereste. Moscow, 1953.

9. Novgorodskaja pervaja letopis' staršego i mladšego izvodov. Edited by A. N. Nasonov. Moscow and Leningrad, 1950.

10. Obnorskij and Barxudarov. Op. cit.

11. Arcixovskij and Tixomirov. Op. cit.

12. Buslaev, F. Istoričeskaja xristomatija cerkovno-slavjanskago i drevne-russkago jazykov. Moscow, 1861.

13. Žitie sv. Savy Osvjaščennago, sostavlennoe sv. Kirillom Skifopol' skim v drevne-russkom perevodě. Edited by I. Pomjalovskij. (Obščestvo Ljubitelej drevnej pis'mennosti, No. 96.) St. Petersburg, 1890.

14, 15. Obnorskij and Barxudarov. Op. cit.

16. Universitetskija izvěstija. Vol. XXIV, 2. Kiev, 1884.

17. Lětopis' po Lavrentievskomu spisku. St. Petersburg, 1872.

18. Sbornik Moskovskago arxiva Ministerstva justicii. Vol. I, 1. Moscow, 1913.

19. Otdělenie russkago jazyka i slovesnosti Akademii nauk — Izslědovanija po russkomu jazyku. Vol. I. St. Petersburg, 1885-1895.

20. Obnorskij and Barxudarov. Op. cit.

21. Izvěstija otdělenija russkago jazyka i slovesnosti Akademii nauk. Vol. XVII, 3. St. Petersburg, 1912.

22. Pskovskie letopisi. Vol. II. Edited by A. N. Nasonov. Moscow, 1955.

23. Polnoe sobranie russkix lětopisej [PSRL]. Vol. XX, 1. St. Petersburg, 1910.

24.   Otdělenie russkago jazyka i slovesnosti Akademii nauk — Izslědovanija po russkomu jazyku. Vol. II, 3. St. Petersburg, 1903.

25.   Unbegaun, Boris. La Langue russe au XVIe siècle (1500-1550), Vol. I: La Flexion des noms. Paris, 1935.

26.   ČOIDR. Vol. CXVII. Moscow, 1881.

27.   Ibid. Vol. CCIII. Moscow, 1902. Sočinenija I. Peresvetova. Akademija nauk SSSR. Moscow and Leningrad, 1956.

28, 29. Perepiska knjazja A. M. Kurbskago s Tsarem Ioannom Groznym. Edition of Archaeographic Commission. Petrograd, 1914.

30.   Sbornik Otdělenija russkago jazyka i slovesnosti Akademii nauk [SBORJAS]. Vol. LXXXII, 6. St. Petersburg, 1907.

31.   Učenie i xitrost' ratnago stroenija pěxotnyx ljudej. Moscow, 1647.

32.   O Rossii v carstvovanii Aleksija Mixajloviča — Sovrᵉmennoe sočinenie Grigorija Kotošixina. Third edition. St. Petersburg, 1884.

33.   La Comédie d'Artaxerxes, présentée en 1672 au Tsar Alexis par Gregorii le pasteur. Texte allemand et texte russe publiés par André Mazon et Frédéric Cocron. Paris, 1954.

34.   Russkaja istoričeskaja biblioteka [RIB]. Vol. XXXIX. Leningrad, 1927.

35.   Leningradskij naučno-issledovatel'skij institut jazykoznanija pri LIFLI — Materialy i issledovanija po istorii russkogo jazyka. Vol. I. Leningrad, 1937.

36.   Sipovskij. Russkija pověsti XVII-XVIII vv. St. Petersburg, 1905.

37.   Pis'ma i bumagi Imperatora Petra Velikago. Vol. I (1688-1701). St. Petersburg, 1887.

38.   RIB. Vol. XXVII. St. Petersburg, 1910.

39.   Slavia. Vol. XII. Prague, 1933-1934.

40.   PSRL. Vol. XVII. St. Petersburg, 1907.

41.   SBORJAS. Vol. XLIV. St. Petersburg, 1888.

42.   Pracy Belaruskaha Dzjaržaŭnaha Universytetu u Mensku, Vol. I: Pedahohičnyj fakul'tet. Minsk, 1927.

43.   Lětopis' po Ipatskomu spisku. Edition of Archaeographic Commission. St. Petersburg, 1871.

44.   Rozov, V. Ukrajins'ki hramoty. Vol. I. Kiev, 1928.

45.   Petrov, A. Drevnějšija gramoty po istorii karpato-russkoj cerkvi i ierarxii 1391-1498 g. (Knihovna Sboru pro výzkum Slovenska a Podkarpatské Rusi při Slovanském Ústavu v Praze, No. 1.) Prague, 1930.

46.   Rozov, V. Op. cit.

47.   Sbornik Russkago istoričeskago obščestva. Vol. XLI. St. Peters-
      burg, 1884.

48.   Slavia. Vol. XXIII, 1. Prague, 1954.

49.   Trudy tret'ego arxeologiceskogo s"ezda v Rossii. Vol. II. Kiev,
      1878.

50.   Linguistica Slovaca. Vol. IV-VI. Bratislava, 1946.

51.   Zyzanij, L. Leksys. Republished by Dr. J. Rudnyc'kyi. (Augs-
      burg), 1946.

52.   Vyšenskyj, Ivan. Socinenija. Moscow and Leningrad, 1955.

53.   RIB. Vol. XIX. St. Petersburg, 1903.

54.   Zapysky Naukovoho tovarystva imeny Ševčenka [ZNTŠ]. Vol.
      XXXV-XXXVI. Lvov, 1900.

55.   Berynda, Pamva. Leksykon slavenorosskyj imen tol"kovanie.
      Kutejno, 1653.

56.   Universitetskija izvěstija. Vol. XXXV, 12. Kiev, 1895.

57.   ZNTŠ. Vol. CXXXII. Lvov, 1922.

58.   Pam'jatky ukrajins'koho pys'menstva. Vol. I. Kiev, 1926.

59.   ČOIDR. Vol. XXVIII. Moscow, 1859.

60.   Javorskij, Ju. A. Novyja rukopisnyja naxodki v oblasti starinnoj
      karpatorusskoj pis'mennosti XVI-XVIII věkov. (Knihovna Sboru
      pro výzkum Slovenska a Podkarpatské Rusi při Slovanském Ústavu
      v Praze, No. 2.) Prague, 1931.

GLOSSARY

Spellings in the Glossary follow those of the texts and are "normalized" only to the extent of being given in the nominative for nouns and the infinitive for verbs. For typographical reasons, archaic letters lacking phonemic significance have been replaced by their more common equivalents, while entries for items that appear in the Latin alphabet (Nos. 39, 50, and 54) are given in Cyrillic form.

абачиць — to see, notice
абовѣмъ — because
абы — so that, in order to
аеръ — air
аж, аже — that, so that
аже — if
ажно — even to
азъ — I
аки — like
аки бы — as if
албо, альбо — or, whether
албо ... албо — either ... or
алчь — hunger
алябарта — halberd
аляカантъ — Alicante wine
аможе — where, wherever
анижъ — than
ате, ать — let, may
аще — if

бадавѣй — Turkish horse
безпамятно — without a trace
беложонка — woman
биричь — herald, police officer
благоволение — delight, relish
благоизволить — to choose, select
благочиніе — orderliness
благочинно — in an orderly manner
блазенство — idiocy, buffoonery

близокъ — relative
божниця — church
болкатый — black (?)
болшо — very
боронити — to defend, protect
бортникъ — beekeeper, apiary
борть — hive of wild bees
бортный — bee
бости — to butt
бохмесь — by God
брань — battle
братанъ — cousin, nephew
братобридецъ — beard shaver
бредня — madness
брожка — a type of carriage
бръменє — sound(ing)
брянкъ — sound
буде — if
буй — foolish
буквы — bill
бурьскый — of Persian silk
бчела — bee

В. М. = Ваша Милость
валах — gelding
вандышъ — creel
варóватися — to be on guard
варцабный — checkers
вборзѣ — soon
велий — great
великъ день — Easter
велми, вельми — very

велце — greatly, very much
вено — payment
вестовщикъ — scout
ветчаный — decrepit, worn
вечистий — eternal
видокъ — witness
виклинати — to curse, damn
вина — fine
винный — guilty
вира — monetary fine for murdering a freeman
вицашпанъ — courtier
власть — land, realm
внушити — to feel
возбраненіе — resistance
возведенный — decorated
воздвизати — to incite, stir up
возникъ — coachman, driver
вои — soldiers, troops
волмина — willows (?)
волно — free, permitted
волога — food, drink
волостель — administrator of a county (волость)
волошинъ — Rumanian
вольный — free
вонь — in it
вотнина — paternal inheritance
врагъ — ravine
всеродне — as an entire family
встрентъ — hindrance, resistance
втай — secretly
входъ — forests and arable land
вчынити — to do, make
вшиткий — all
вшиток — all, whole
въ остатку — after all
въсхопитися — to rise (abruptly), to start out
вывести — to assign, allocate, credit
выдрати — to tear away
выжелъ — setter
вызволювати — to release

вылазіти (на правду) — to appear before the court
выславовати — to praise, glorify
вязеня — imprisonment
вяще — more
вящшии — better

гайдукъ — court guard
гарнець — pot
где коли — wherever
гды — when
глаголъ — word
головникъ — murderer
гологудый — plucked bare
гольотъ — galiot
Гомеи = Гомель
гоны бобровые — beaver runs
гораздо — good, well
горазьнъ — clever, apt
горе и долу — up and down
городьня — bridge span
господа — inn
Госпожинъ дьнь — Assumption
гостиньць — road, highway
гость — merchant
грамотица — letter, paper
гривьна — a monetary unit
грошъ широкий — an old Polish gold or silver coin
гузно — hip
гуце = жгуче — baking, burning

даби — that
даждь = даже — even
даже — if
далекъ = да лакхъ (?) — and lacquer
даяніе — gift
даяти — to give
дворецъ — country seat
дворище — household
дерноватая грамота — a charter confirmed by oath
дзвіенкъ, дзвьенкъ — sound
диви(и) — wild

діяментовіи — diamond
длужити — to borrow
длух — debt
доброхотный — benevolent
добитокъ — cattle
доволно — as you like
доконьчание — peace treaty
дольница — part
домакъ — native
домовий, домовный, домовый — local
домостроитель — steward
дондеже — until
донеле, донелѣ — as long as, until
доправити — to exact
досталый — ripe
досыть учинить — to fulfill
драница — shingle
драчіе — wild nard
древле — before
дреколъ — club, stave
дрыкгант — stud horse
дубникъ — oak stave, oak log
дурнина — trifle, nonsense
дуфати — to hope, trust
душевная грамота — testament
дѣдицтво — inheritance
дѣднина — property inherited from grandfather
дѣлатель — laborer
дѣло — business, thing, work, cannon
дѣтьскыи — an official, bailiff, prince's servant, bodyguard
дѣяти — to do
дюбати — to peck; to sip

егда — when, if
еда — (interrogative particle)
единоходникъ — single gaiter
еднанє — covenant, unity
еже — that which
еи, ей — truly, indeed, by God
елико — as much as
еликъ — as many

ельма — how much, to what extent
Емь — a Finnish tribe
епариттрисъ — scoop

жатель — reaper
жедати — to wish
железное — reward for ordeal by red-hot iron
желѣти — to wish; to demand
животъ — life, property, live-stock
жизность — life, fecundity
жита — crops, supplies
житіе — dwelling, abode
жито — crops, grain
житьи люди — class of population lower than boyars
жніво — harvest
жолнѣр — soldier
жрѣти — to offer
жупанъ — administrator of a district
жупица — clothes

забрало — fortification, fence
забыти ся — to be lost in reverie
завдячне — helpfully
заверть — whirlwind
завести — to mark off
завирати — to close, lock, stop
загладити — to blot out
задинаръ — for a dinar (a monetary unit)
заедлость — inflexibility
зажывати — to consume, use
зазирати — to suspect
зазоръ — disapproval, suspicion
зазрвти, зазьрвти — to condemn, censure
заимати — to borrow
заказати — to forbid
закалати — to slaughter
заклатель — butcher
заклепъ — lock, bolt
заключати — to lock

заколеніе – offering, stabbing

заледвѣ – hardly, scarcely, barely

заморщик – leech, usurer

зане – because

занзати – to pierce

запа – suspicion

запаметати – to forget

запинати – to button, clasp

записати, записать – to will

запрѣти – to close, lock

запъртити – to spoil, harm, mar

зарія – draughts

застановляти – to stop, hinder

заступати – to protect

зась – however

засѣсти – to occupy

затакати – to drive

затвердѣніе, затвердѣнье – constipation

затщее – unnecessarily, in vain

заумерщчина = умерщчина – worldly effects, estate

заутрникъ, заутрьникъ – breakfast

заутрній – early

заущати – to stop up

зафрасоватися – to be saddened

збродьни – mob

збытися – to remain, be saved

звлаща – especially

звѣтязство – triumph

звѣцати – to make noise, sound

згажати се – to agree

здавать – to betray

здатель – builder

здо – roof

зезнати – to testify

зекгаръ – timepiece

зеленичіе – garden herbs, greens

зело – very

землянинъ – country squire, yeoman

зень – ground, earth

зеремя – beaver lodge

зичити – to wish

златикъ – gold coin

зле – bad(ly)

злодѣйство – evil deed

злопомненіе – rancor

злотоглавъ – a precious fabric

знаменитыи – known

знатец – person who knows

знатьба – trace, knowledge

знести – to defeat, destroy

зракъ – appearance

зьявити – to appoint

зѣло – very, very much

и = из – from

иде, идѣже – where

иж, ижъ, ижь – because, that

ижбы – so that

иже – which, who, whoever; so that

изволити – to wish, elect, choose

извѣтъ – plea, allegation

измати – to take

изостати ся – to survive, be left

изрядно – fine

икономъ – steward

имати – to have

инако – in a different way

индиктъ – a fifteen-year cycle

ино – and, so, so that, yet

искати на – to bring suit against

исправа – investigation of or decision on a case; retaliation

исправити – to demand and obtain

испроврѣщи – to throw out, eject

истома – trouble

ищея – plaintiff

кажный – each

казити – to despoil

калика — cripple
камка — a silk fabric
карыта — coach
Кафа — Feodosia
Кафаръ — a Kafir
кватера — quarters
кгдыжъ — when
кгдыжъ бы — if
келем — pen (Arabic)
кескии — adj. from Кесь
Кесь — old Russian name for the city of Wenden (now Cesis)
кий, кіи — what
клѣть — room, house, storeroom, barn
кнѣженє — principality
княжита — princes
козакинъ — men's buttoned outer garment with folds behind
кола — wagon
коле — fish weir
колода — hollowed-out tree trunk
колыска — a type of carriage
колько — as many as
конечне — certainly
копа — threescore, sixty
королевщина — royal grant
Корочюнъ — day of winter solstice
коръчмитъ — innkeeper
корь — bush from which bark was gathered (?)
костки — draughts; tax levied on merchants traveling through large towns
косякъ — piece (of cloth)
котчий — for hauling
кошь — basket
краска — indigo
краска далек = краска да лакх (?) — indigo and lacquer
кроль — king
кромѣ — apart
кротъ — time(s)
крошня — wicker basket
кругъ — round (of wax)

куна — marten skin having monetary value; monetary unit in general
кундус — mongrel
куншт — artifice
куны — money
купно — together
курбан — sacrifice of an animal (Arabic)
курчитися — to stint oneself
кучма — shaggy fur cap
куєстеръ — quaestor
кыи любо — whatever

ларь — archives (in Pskov)
ласка — love, grace
лектыка — litter
леплѣѣ — better
лестный — perfidious
лесть — ruse
либой — perhaps
лиджба — number, count
ликъ — choir
липняк — lime bark
листъ дозволенный — permissive charter
литра — monetary unit (= гривьна)
лихо — bad(ly), dangerously
лице — corpus delicti
личе = лице
лишка — fox
лозь — willow overgrowth
лоива — a type of large boat
лоскутъ — lot, plot
лужа — swamp
льняная грамота — a charter regulating trade in flax
лѣпший — better
лѣска — rod
любителный — amorous
любо — although, or
любо ... любо — either ... or

маестатъ — majesty, pomp, sublimity

макгероносец — man in a Hungarian cap

малмазыя — malmsey

маршалокъ, маршалокъ земскій — marshal of the nobility

матка — mother

мгненье — twinkling, instant

Меликътучаръ, Меликъточаръ — Prince of Merchants (Arabic)

мечникъ — prince's bodyguard

мещеръ — craftsman

миловати — to love

милостный — love

милость — love, grace, favor

мистръ — Grand Master

мнити — to think, have an opinion

мнихъ — monk

многобрашеньство — gluttony

многопредстоящий — active publicly

многошьды — many times

мука — torture

муръ — wall

муровати — to build walls

мыто — a type of trade tax

мытьникъ — tax or customs collector

мѣрникъ — a liquid measure

мѣсто — town

наборзѣ — soon

набыти — to acquire

навозъ — supply

надобе, надобѣ — is necessary

на долзѣ — finally

надходити — to draw nearer

наемъ — payment, fee

наипаче — especially

наказати — to order

належати — to depend

напервеи — first

направа — repair

нарядъ — order, disposition

натрафити — to encounter, meet with

невкупныи — dissenting

недѣлщикъ — bailiff

неже — than, as

незахожденный — never setting

немишъ — nobleman (Hungarian)

необиновеніе — steadfastness

непослушенство — disobedience

нехай — let

нехыбне — accurately

неякіи — some(body)

нивеч — nothing

нигды — never

ниже — not even; rather than

нимъ = нѣмъ — mute

нить — is not

новолока = наволока — water meadow

ногата — monetary unit (¹⁄₂₀ of a гривьна)

ногутъ — pea (Persian)

носило — litter

нужка — foot, leg

нъ = но — but

нынѣчи — now

Нѣмцы — Germany

нѣсть — is not

нѣтуть — is not

нятство — imprisonment

обаче — however, yet

обачитися — to see each other

обачыти — to see, notice

обецне — now

обецный — present

обинити = обвинити — to accuse; to plead guilty

облапити — to embrace

обличній — present

обозъ — camp

образитися — to beat against

обреныи = обремененыи — burdened

обсяданіе — possession

объярь — a type of silk fabric

обѣтница — promise

ово ... ово — now ... now

овогда — at this time
овогда ... овогда — now ... now
одъѣздный — gift at parting
оже — if
ознаймити — to inform
окавати — to reproach, curse
окгар — hound
околица — vicinity
околничий — a boyar dignitary
окупъ — ransom
олекъ — upper part of wild
  beehive
оныи — that
онь = онъ — that
оправити — to acquit
опришенно — besides
орамица — arable land
орамыи — arable
осадити — to settle, people,
  garrison
осе — lo!
осенина — autumn
ослiй — of whetstone
остатокъ — end
остречи — to guard, watch
оступити — to surround, besiege
отинудь — entirely, completely;
  at all, by any means
ото — here now
ото-ж — therefore
отправовати — to conduct, hold
отрокъ — child, servant
отрядити — to dispatch
отсели — therefore
отсочити — to find
оттечи — to flee
оттоле, оттолѣ — from there,
  thenceforth
оть = ать — let, may
оттяти, отьяти = отъяти —
  to tear or take away
отязати — to ask questions,
  make inquiry
оче — if
ошьлъ — departed, passed away

пагуба — losses
паки — again, still
пакощами — maliciously
пакы — again
палавица — half
палумисак — dish, platter
память — note, charter; notion
панъна — maiden
паренина — fallow
пахвалнасьць — glory
паче — better, more, more than
пенежи — money
первеи, первей — earlier, first
перевѣсьище — place where nets
  are hung to trap birds
пережъ — before
перенагабаня — attack, assault
пиво — beverage
пилность — diligence
пира — wallet, knapsack
писание — writ
пластать — to clean (fish)
плюдрики — breeches
поведеть — to report
повоженье — success, luck
повторе — for the second time
повѣсти — to announce
погадати — to speak, give ad-
  vice
погостъ — village
погуженье — disapproval
подавца — bearer, petitioner
подати — to surrender
подвигнуть — to revoke
подворя — courtyard, inn
поджегти — to incite
подле — according to, in accord
  with
подлугъ — according to, in
  accord with
подружие — spouse
подъкладь — kneecap
подътяти — to hack
поеднокроть — once
пожадливость — eagerness

поженка = пожьня — field, meadow

пожилое — hearth money; pay for use of courtyard

пожитечный — useful

пожитокъ — appurtenance

пожня, пожьня — field, meadow

позволити — to summon, call

поземъ — arable land

позоръ — intention

покармъ — food

покой — peace

поличьное — court costs

полотокъ — half of a cleaned fish

полътретядьчяти — twenty-five

полюдие — tribute exacted from the population

помясти ся — to err

поневажъ — because

понеже — because, inasmuch as

поняти — to take

поперъ — pepper

пополонка — into the bargain

пополонокъ — addition

пополошитися — to be frightened

попустити — to devastate

попустить — to allow

попущати — to release

поранокъ — breakfast

порезати — to slaughter

поробокъ — boy

портище — clothes

портукгали — a type of woman's garment

портъ — coarse yarn, cloth

поручение — mission, duty

посадникъ — governor, administrative official

посельскии — steward

послухъ — witness

послушенство — vassalage

посполитой — common

поспѣшение — assistance

поставъ — a measure of cloth

посѣдѣти — to consult

потокъ — exile

потомный — future

потому(жъ) — and, then, after

по тому, какъ — just as

поточити — to banish

потребизна — need

потребити — to destroy

потребный — useful

потѣснути ся — to hasten

поущати — to admonish, warn

почати — to begin

починокъ — small village, settlement

пояти — to take

править — to say, order

правьда — law, regulation, decree, verdict

прагненье — thirst

предреченный — aforementioned

през — through

президиум — rear guard, garrison

прелесть — deceit

премененіе — transformation

пременяти — to move

пресный — unfermented

прехитренье — intrigues

пригнать — to ride up

прижитокъ — persons and animals

призволить — to acquiesce, consent

призирати — to oversee

прилогъ — spiteful abuse

прилучитися — to happen

примыслити — to purchase

принуциць — to coerce, turn

приобецати — to promise

прирожение, прирожѣнье — nature, character, parentage

приседящий — adjacent, neighboring

прислушати — to belong to

присный — constant, true

приставка — soup plate

приставникъ — steward

приставничьство — stewardship

пристанище — haven

пристати – to stay behind, linger
притеребъ – land cleared for hay or planting
притомный – present
притрафитися – to befall
приходъ – passage; income
причесть – to rank with
проворочати – to return
прогрессъ – advancement
продажа – monetary fine for a crime
продаино – sale, selling
прожномовство – idle talk
прокъ – remainder
противъ – in comparison with, like
прото – therefore
протож – because
проторъ – court expenses
прохожение – assault
прочее – besides, later on
прудкий – fast
прутовая рыба – jerked fish
прысмак – flavor
прѣдрьжати – to rule
путикъ – trap line
пуша = пуща – virgin forest
пъртъ, пърты – clothing

Радогоснъ – Radogoż
Радуница – week after Holy Week
раждьштися – to burn
расточити – to disperse
ратманъ – member of the magistracy in old Riga
рать – army, war
рачити – to deign
ревула – Rhine wine (?)
регементъ – regiment
ренское – Rhine wine
речи – to say
речь – thing, object
рйятися – to be vexed, angry
роба – slave
робачокъ – worm
родичъ – parent

родоста – cudweed
родъ – kin, kinsman
розграбежь – confiscation
розмаитий – various
розпистий – friable
розъпорка – slit, vent
росправа – expedition, battle
рота – oath
рукоданье – warrant
рухлядъ – goods, wares
рушати – to infringe, transgress
рушенье посполитое – people's (home) guard
рыжовыи – rice
рьль – strip of raised, dry land in a swamp
рѣзанъка – a type of customs or duty
рядъ – negotiation, pact

саженыи – embroidered with pearls and precious stones
саф – row (Arabic)
саянъ – festive apparel
сборъ – council
светоблибость – holiness
сводъ – confrontation
сгадати – to consult, ask advice
се – so, thus
сегосвѣтный – of this world
секъ = сект – a type of wine
селевать – a short prayer (Arabic)
селико – so many
селям – greeting (Arabic)
сила – violence
сирота – servant, serf, peasant
сирѣч – hence, because
сице – thus, so
сицевыи – such
скалы – balance, scales
скламаня – disappointment
скляница – glass
скорозрыи – early-ripening
слободичь – inhabitant of a слобода (free village)

слудиця – cliff
случитися – to come true
слушати – to belong
слушный – convenient
смердъ – peasant
снатъ – perhaps
соборище – gathering
соотвѣтствовать – to reply
сопротиво – in front of, toward
спасъ – savior
сподобити ся – to deign
сполне – together
справити – to cause
справ'ца – steward
справчивый – effectively done
спятися – to join battle
срачица = сорочица – shirt
старощение – service as a
  church elder
статокъ – property
стаяне – permanence
степенный – acting
стихологысати – to recite
столець – throne
столечний – capital
столникъ – an old court rank
столный – capital
столпъ – tower, church
столъ – throne
стольный градъ – capital
сторожеставец – sergeant of the
  guard
стояльщик – partisan, advocate
строение – stewardship
строити – to operate, run,
  manage
строити си съ – to be busy with
стрѣтитися – to meet, come to-
  gether
ступак – pacer
ступитися – to join battle
стяжание – property
стязаться – to torture
судина – vessel
судовый листъ – court writ
судъ – vessel

сулица – lance, lance point,
  spear
суренка – military trumpet
счаровати – to bewitch
счетокъ – descendant
съдаяти – to add to, give in
  addition to
съдрьжати – to adhere or keep to
съподобити – to behoove, be
  fitting, deign
сърубити – to build
състояти ся – to exist
съступити ся – to join battle
сътяжати – to sponsor
съчепити – chainlike
сыщеный – sweetened

тава – merchant ship
тагди – then
такеж – also
тамга – trade tax
тандета – secondhand market
татебно – by stealth
тать – thief
татьба – stealing
таче – and then
теды – then
тескница – anguish
тесьбих – repeated prayer
  (Arabic)
ти – and
тижь – also
тиунъ – an official
ткнути – to concern
тлустий – fat
то – (emphatic particle)
товаръ – camp, group of wagons
тогды – then
токмо – only
тольма – therefore
топерво – now
точию, точiю – only
трепѐрный – with three feathers
  (on headdress)
тутаки – here
тутурганъ – rice

тыж — also
тысячкии — a police official or military commander
тьма — ten thousand
тяжа — lawsuit

убо — (emphatic particle)
убо — for, because
уборокъ — a measure of volume
уваженє — consideration
ужы — bonds
уима — loss
умершчина — worldly effects, estate
умметь — believer (Arabic)
упокой — rest
упоминокъ — remembrance
управа — trial
уразовыи — painful
урикъ — inheritance (Hungarian)
урокъ — payment, fine, duty
урядити ся — to agree, come to terms
уряжати — to arrange
успоменути — to remember, to become aware of something
уставъ — formation, regulations
устна — lips
уфность — trust

филиповскіе запусты — St. Philip's Eve fast
фляша — flask
форманъ — coachman
фортугали — woman's garment
фрасунок — grief

харя — mask
ховати — to breed, rear, keep

хоина — pine tree
холопъ — servant
хочай — although
храмина — house

ци = чи — (interrogative particle)
цѣловати — to kiss, salute

чашьникъ — cupbearer
чаяти — to hope, think
челядинъ — slave, servant
черницѣ — bilberry
чимбуры — chains
чинъ — assembly, reception; rank
чоснык — garlic

шарый — gray
шафарь — steward
шелемуга — whip
шермувати — to brandish, swing
шидерство — mockery
шлык — a cap with fur trim
ширка — piece of fried pork

ѣзъ — dam, weir

юха — soup, sauce

явленныи — clear, obvious
являти — to show
язъ — I
языкъ — nation, people
який колвекъ — any
яко — so that
якоже — as, like
ямщикъ — manager of posthouse
ярьмъ — yoke
яхли — millet
ячайце — scoop

Bei Fragen zur Produktsicherheit wenden Sie sich bitte an:
If you have any questions regarding product safety,
please contact:

Walter de Gruyter GmbH
Genthiner Straße 13
10785 Berlin
productsafety@degruyterbrill.com